INDEX ZU HEIDEGGERS ›SEIN UND ZEIT‹

INDEX
ZU HEIDEGGERS
›SEIN UND ZEIT‹

Zusammengestellt von

Hildegard Feick

3. Auflage

MAX NIEMEYER VERLAG TÜBINGEN 1980

1. Auflage 1961
2. Auflage 1968

DEM ES GEHÖRT,
MARTIN HEIDEGGER,
IN VEREHRUNG UND DANKBARKEIT
GEWIDMET

CIP-Kurztitelaufnahme der Deutschen Bibliothek

Feick, Hildegard:
Index zu Heideggers „Sein und Zeit" / zsgest. von
Hildegard Feick. – 3. Aufl. – Tübingen: Niemeyer, 1980.
ISBN 3-484-70014-9

ISBN 3-484-70014-9

Druck: Becht-Druck, Ammerbuch

MARTIN HEIDEGGER

Frau Dr. Hildegard Feick
der langjährigen getreuen Mitarbeiterin
zum Gedächtnis

Niemand unter den Angehörigen und Freunden konnte ahnen und fürchten, daß die unermüdet-tätige Frau so jäh in die Abgeschiedenheit hinweggenommen werde.
Sie hat die Beschäftigung mit meinen Schriften und die Teilnahme an meinen Vorlesungen und Übungen in der freundschaftlichen Verbundenheit mit Egon und Dory Vietta begonnen.
Nach deren frühem Tod suchte sich Frau Feick und fand eine eigene Aufgabe, die das Studium meiner Schriften und das Eindenken in meine Fragen fördern sollte:
Sie unternahm es, einen Index zu „Sein und Zeit" auszuarbeiten. Dieser lag alsbald in einer erweiterten zweiten Auflage vor und war seitdem immer ein Gegenstand eindringlicher Verbesserung.
Zwar haben wir öfter in Gesprächen die Grenzen und Gefahren eines Index erörtert.
Die Grenze bekundet sich darin, daß ein noch so ausführlicher Index das Ganze eines Werkes notwendig zerstückelt und den Zugang zu dessen innerer Bewegung verwehrt.
Die Gefahr jedoch droht aus der naheliegenden Versuchung, auf eine Durcharbeitung des Werkes zu verzichten und es nach jeweils gerade verhandelten Begriffen abzusuchen und auszumünzen.
Doch Frau Feick blieb standhaft bei ihrem Vorhaben und milderte die Bedenken dadurch, daß sie dem Index eine eigene Gestalt gab.
Statt eines bloßen Wörterverzeichnisses schuf sie für die Leitworte dadurch einen Zusammenhang, daß ihnen aus dem Text geeignet ausgewählte Leitsätze beigegeben wurden.
Durch angefügte Verweisungen auf entsprechende Stellen in den übrigen späteren Schriften sollte der jeweils genannte Sachverhalt

nicht nur verdeutlicht, sondern zugleich die Möglichkeit des Einblicks in die Wege und Wandlungen meines Denkens gegeben werden.
Diese besonnene Arbeit am Index erbrachte der Verfasserin einen so reichen und verläßlichen Durchblick durch mein Denken, daß ich ihr zuletzt auch die selbständige Veröffentlichung meiner Vorlesung über Schellings Freiheitsabhandlung aus dem Jahre 1936 und der von meinem Bruder bereitgestellten Aufzeichnungen zur Vorbereitung der beiden Schelling-Seminare aus dem Anfang der vierziger Jahre anvertrauen konnte.
Worüber jedoch Frau Feick nie mit mir gesprochen hatte, fand sich überraschenderweise nach ihrem Tod bei der Durchsicht der hinterlassenen Arbeiten:
Die vollständigen Register zu allen meinen veröffentlichten Schriften.
Sie hat damit vorauswirkend, ohne davon zu wissen, der geplanten Gesamtausgabe und der Herstellung der Register zu den einzelnen Bänden vorgearbeitet.
Frau Feick folgte mit diesem Bemühen einer standhaften Neigung zur unauffälligen Hilfe für die gründliche Aneignung und kritische Erörterung meiner Denkversuche. Diese Haltung entsprach ihrem ruhigen, stets gefälligen und teilnehmenden Wesen.
Durch ihre mit großer Umsicht und strenger Sorgfalt ausgeübte Lehrtätigkeit an der Volkshochschule verschaffte und bewahrte sich Frau Feick ihrer gelehrten Arbeit die nötige Frische des Gesprächs über die behandelten Sachverhalte und die Beweglichkeit und Offenheit des Fragens.
Die Tage und Stunden unserer gemeinsamen Arbeit an den Manuskripten erhielten jeweils ihre fördernde Unterkunft durch die wechselweise Gastfreundschaft von Frau Feick und ihrem Gatten in Darmstadt und Wiesbaden oder durch meine Frau und mich in Freiburg-Zähringen.
Erfreuendes, Belebendes und Belehrendes unterbrachen und erheiterten jedesmal die Arbeit.
Ihr Tod übergibt das von Frau Feick Erreichte verpflichtend und eindringlich der gebührenden Anerkenntnis, der getreuen Verwahrung und fördernder Verwendung.
Was Frau Feick geschaffen hat, verdient nicht nur meinen Dank für ihre Mitarbeit, sondern den Dank aller, denen beim Studium meiner Schriften ihre so unscheinbare wie verläßliche Hilfe zu Gebote steht.

VORWORT ZUR ERSTEN AUFLAGE

Ein „Index" kann im Felde dieses Denkens immer nur ein Behelf bleiben, dessen Unzulänglichkeit in die Augen springt. Dennoch wurde der Versuch unternommen, um dem Leser eine Hilfe zu geben, Martin Heideggers Buch „Sein und Zeit" recht zu verstehen. Es wurden deshalb nicht nur in der Regel die Paragraphen vermerkt, die der Aufweisung der Sache und in eins damit des zugehörigen Wortes gewidmet sind, sondern darüber hinaus meistens noch Seiten- und Zeilenzahlen angegeben, um die entscheidenden Sätze und Abschnitte herausheben zu können, in deren Licht alles andere verstanden werden muß. Auf diese Angaben wurde verzichtet, wenn die Behandlung der Sache auf einen oder wenige Paragraphen beschränkt ist und Verständnisschwierigkeiten nicht zu vermuten sind. Wiederholungen wurden nicht immer vermieden, wenn ein wiederholter Hinweis auf das Wesentliche hilfreich erschien.
Bei den meisten „Stichworten" wird auf andere verwiesen, die mit dem jeweils angegebenen verwandt bzw. verklammert sind, um so das Gefüge des Ganzen deutlicher werden zu lassen und auf die Möglichkeit wechselseitiger Erhellung aufmerksam zu machen.
Die zitierten Sätze – oft in verkürzter bzw. zusammengezogener Form – sind aus „Sein und Zeit" entnommen; sie sollen das Wesentlichste herausheben. Wegen der Kürzungen sind sie zu Zitierungen nicht geeignet.
Die eingeklammerten Zeilen- und Seitenangaben beziehen sich auf die 1. bis 6. Auflage von „Sein und Zeit", die nichteingeklammerten auf die späteren Auflagen, also von der 7. Auflage an. Sind keine eingeklammerten Zahlen angegeben, so stimmen die frühen mit den späteren Auflagen überein.
Bei der Zeilenzählung wurden Überschriften *mit*gezählt.
Auch die Hinweise auf spätere Schriften Heideggers, die vielen Stichworten angefügt sind, sind mit entsprechenden Unzulänglichkeiten behaftet. Viele „Stichworte" durchziehen, ausgesprochen oder unausgesprochen, das ganze Werk; die Hinweise können somit nur auf

einige Stellen verweisen, in denen ausdrücklich davon die Rede ist. Eine weitere Schwierigkeit liegt darin, daß der Wortgebrauch sich wandelt, da er einem gewandelten Sichzeigen der „Sache" entspricht. Auch hier konnte nur ein kurzer Hinweis eine beschränkte Hilfe geben.
Soweit bei den späteren Schriften die Auflage nicht ausdrücklich angegeben ist, beziehen sich die Seitenangaben immer auf die 1. Auflage. Die Abkürzungen für die Titel der Schriften sind im Folgenden angegeben.
Da dieser Index der oben angegebenen Aufgabe dienen soll, konnte nicht erstrebt werden, jedes Vorkommen eines Wortes zu registrieren, um dadurch Vollzähligkeit zu erhalten. Wird eines Wortes nur kurz Erwähnung getan, ohne neues Licht auf die Sache zu werfen, so blieb es in der Regel unvermerkt.

VORWORT ZUR ZWEITEN AUFLAGE

Das Vorwort zur 1. Auflage bleibt bestehen.
In die 2. Auflage wurden Hinweise auf die in den letzten Jahren veröffentlichten Werke Martin Heideggers eingearbeitet. Außerdem sind einige „Stichworte" neu aufgenommen worden. Da einzelne Schriften in verschiedenen Ausgaben erschienen sind, wurden Seiten-Konkordanzen beigegeben, um auch den Benutzern anderer Ausgaben das Auffinden zu erleichtern. Das Namenverzeichnis der 1. Auflage war auf „Sein und Zeit" beschränkt. Hier ist ein ergänzendes Namenverzeichnis für die später veröffentlichten Werke angefügt, ebenso Hinweise auf die Epochen der Philosophie und gewisse Strömungen und Richtungen. Auch die Verweisungen auf „Sein und Zeit" in den späteren Schriften Heideggers wurden zusammengestellt.

ABKÜRZUNGSVERZEICHNIS

Titel	Auflage	Abkürzung
Was ist Metaphysik	5.	WiM
Vom Wesen des Grundes	4.	WdGr
Kant und das Problem der Metaphysik	2.	Kant
Vom Wesen der Wahrheit	4.	WdW
Erläuterungen zu Hölderlins Dichtung	2.	Höld
Was ist Metaphysik, Nachwort	5.	WiMN
Platons Lehre von der Wahrheit[1]	2.	Plat
Über den Humanismus	1.	Hum
Was ist Metaphysik, Einleitung	5.	WiME
Holzwege	4.	Holzw
Vorträge und Aufsätze	1.	VA
Was heißt Denken?	2.	WhD
Zur Seinsfrage	1.	ZSF
Einführung in die Metaphysik	1.	EiM
Hebel der Hausfreund	3.	Heb
Der Satz vom Grund	1.	SvGr
Identität und Differenz	1.	ID
Unterwegs zur Sprache	1.	USpr
Gelassenheit	1.	Gel
Was ist das – die Philosophie?	2.	Phil
Nietzsche Bd. I	1.	N I
Nietzsche Bd. II	1.	N II
Die Frage nach dem Ding	1.	FD
Die Technik und die Kehre[2]	1.	TK
Kants These über das Sein	1.	KT
Wegmarken[3]	1.	WM

[1] Hier ist nur „Platons Lehre von der Wahrheit“ vermerkt. Der Brief „Über den Humanismus“ ist in der gesonderten Ausgabe (Klostermann) indiziert; vgl. die Seiten-Konkordanz am Schluß dieses Buches.

[2] Hier ist nur der Aufsatz „Die Kehre“ neu in den Index aufgenommen. „Die Frage nach der Technik“ ist im Index aufgrund der 1. Veröffentlichung in „Vorträge und Aufsätze“ enthalten. Den Seiten 13–44 in „Vorträge und Aufsätze“ entsprechen die Seiten 5–36 in dem Band „Die Technik und die Kehre“. Es sind also jeweils die Seitenzahlen um 8 zu vermindern.

[3] Hier sind nur die Aufsätze „Hegel und die Griechen“, „Vom Wesen und Begriff der Physis“, „Aus der letzten Marburger Vorlesung“ vermerkt. Bezüglich der übrigen darin enthaltenen Schriften vgl. die Seiten-Konkordanz am Schluß dieses Buches.
Für die Reclam-Ausgabe von „Der Ursprung des Kunstwerkes“ siehe ebenfalls die entsprechende Seiten-Konkordanz mit den Holzwegen.

Ἀλήθεια – §§ 7 B, 44
„Ἀλήθεια ist der frühe griechische Name für Wahrheit. Die Griechen verstanden Wahrheit als Unverborgenheit. Ἀληθεύειν besagt: das Seiende aus seiner Verborgenheit herausnehmen und als Unverborgenes sehen lassen.“ (Als Un-verborgenheit bleibt die Ἀλήθεια auf die Verborgenheit, Λήθη, bezogen. Die Ἀλήθεια, die Unverborgenheit des Seienden, beruht in der Verborgenheit des Seins).
33 12-41 34 1-9 (-10) 212 33-37 (34-38) 213 1-34 (-36) 219 15-37 (-38) 220 1-10 (1-11) 222 28-40 (29-41)
Vgl. Unverborgenheit, Wahrheit
cf. Verborgenheit, Vergessenheit
WiME 10–11 WdW 15–16, 19, 26 Plat 26–33, 36, 40–52 Hum 27 Höld 114 Holzw 39–40, 48, 142, 310–311, 320–326, 341 VA 19, 28, 53, 182, 220, 247–248, 250–255, 257–282 WhD 126 ZSF 35 N I 80, 206–209, 212, 216, 290, 350, 528, 637 N II 11–12, 15, 19, 140, 227, 318, 331, 403, 409, 417, 420, 430–431, 458, 464, 467, 470, 473 KT 35 WM 267–272, 371

Alltäglichkeit – §§ 9, 26, 27, 35–38, 51, 52, 59, 71
„Alltäglichkeit ist die Seinsweise des Daseins, in der es zunächst und zumeist (durchschnittlich) ist. Aus dieser Seinsart heraus und in sie zurück ist alles Existieren, wie es ist.“ „Auch in der Alltäglichkeit geht es dem Dasein um sein Sein, wenn auch in der Weise der Flucht davor und des Vergessens seiner.“ „An der Alltäglichkeit sollen nicht beliebige und zufällige, sondern wesenhafte Strukturen herausgestellt werden, die in jeder Seinsart des faktischen Daseins sich als seinsbestimmende durchhalten.“ „Alltäglichkeit deckt sich nicht mit Primitivität.“ „Die zureichende Umgrenzung der Alltäglichkeit kann erst im Rahmen der grundsätzlichen Erörterung des Sinnes von Sein überhaupt und seiner möglichen Abwandlungen gelingen.“
Vgl. Besorgen, Verfallen, Uneigentlichkeit, Man
cf. eigenstes Seinkönnen
Kant 211–213 N II 386 FD 1–2, 9–10, 20, 29–30, 100–101, 111, 161–164, 188

Alltäglichkeit und Man – § 27
„Das Dasein ist im Aufgehen in der besorgten Welt, d. h. zugleich im Mitsein zu den Anderen, nicht es selbst.“ „Das Man, das kein bestimmtes ist und das Alle, obzwar nicht als Summe, sind, schreibt die Seinsart der Alltäglichkeit vor.“
114 2-13 (1-) 125 36-40 (37-41) 127 4-5 (3-); 36-38 (-39) 128 5-8 167 2-24 (-23) 175 6-36 (7-37) 321 25-32 (27-34) 322 1-8
Vgl. Man

Alltäglichkeit und Möglichkeit (Seinkönnen)
„Die Möglichkeiten, die das Dasein als Man erschlossen und sich zugeeignet hat, offenbaren eine wesenhafte Seinstendenz der Alltäglichkeit." „Das Verstehen des Daseins im Man *versieht* sich in seinen Entwürfen ständig hinsichtlich der echten Seinsmöglichkeiten." „Es entwirft sich auf das Besorgbare der alltäglichen Beschäftigung." „Die Zweideutigkeit hat sich schon im Verstehen als Seinkönnen, in der Art des Entwurfs und der Vorgabe von Möglichkeiten des Daseins festgesetzt."
167 **12-21 (-20)** 173 **25-29** 174 **28-30 (-29)** 175 **22-36 (23-37)** 178 **7-12** 193 **16-29 (-30)** 254 **37 (-)** 255 **1-7 (-9)** 257 **1-10 (-11)** 268 **1-23 (-25)** 337 **13-26 (12-)** 338 **25-27 (26-28)** 339 **7-10; 27-32 (29-33)**
Vgl. Seinkönnen – Möglichkeit

Alltäglichkeit, ihre Zeitlichkeit – §§ 71, 79–81
„Das alltägliche Dasein kommt nicht primär in seinem eigensten unbezüglichen Seinkönnen auf sich zu, sondern es ist besorgend *seiner gewärtig aus dem, was das Besorgte ergibt oder versagt.*" „Das vergessend-gegenwärtigende Gewärtigen ist eine eigene ekstatische Einheit, gemäß der sich das uneigentliche Verstehen hinsichtlich seiner Zeitlichkeit zeitigt."
332 **1-6 (-7); 37-38 (-)** 333 **1-17 (-20)** 337 **7-40 (6-)** 338 **18-28 (19-29)** 339 **7-34 (-36)** 370 **1-38 (-39)** 371 **1-22** 405 **12-22** 406 **15-39 (16-40)** 408 **1-7 (-9)** 409 **27-40 (31-41)** 410 **1-19 (-22); 37-40 (-)** 411 **1-13 (-18)** 414 **12-28 (17-34)** 420 **25-35 (28-37)** 421 **1-5 (-7)** 422 **1-25 (4-28)** 424 **23-38 (27-)** 425 426 **1-23 (-29)**
Vgl. Zeitlichkeit, Zeit als Jetztfolge, Zeit als Weltzeit
cf. eigentliche Zeitlichkeit
Kant 211–213

Alltägliche Umwelt – siehe Umwelt

Alltägliche Umsicht – siehe Umsicht

Alltäglichkeit und Verfallen – siehe Verfallen

Als-Struktur (Hermeneutisches und apophantisches Als) – §§ 32, 33, 44 b, 69 b
„Das Verstehen des Zeugs bewegt sich in der Als-Struktur. Der umsichtig-auslegende Umgang mit dem umweltlich Zuhandenen ‚sieht' dieses *als* Tisch, Tür, Wagen, Brücke." „Was ein Hammer ist, verstehe ich, wenn ich ihn *als* etwas nehme, das *zum Hämmern* dient."
148 **32-37 (34-39)** 149 150 151 **1-16 (-17)** 154 **6-9 (10-13)** 157 **37-40 (-41)** 158 159 **19-29 (20-30)** 223 **20-25 (21-26)** 359 **28-41** 360 **1-24 (-25)**

Vgl. Auslegung, Aussage, Verweisung
Holzw 160–161, 166, 174 N II 351–352, 464 KT 16, 24

Analogie, Sein als Einheit der A. – siehe Sein als ...

Analytik–Analyse
131 **28-31 (-32)**
Kant 45

Analytik, existenziale – §§ 4, 5, 9, 10, 11, 25, 28, 39, 63, 66, 83
„Die Fundamentalontologie, aus der alle anderen Ontologien erst entspringen können, muß in der existenzialen Analytik des Daseins gesucht werden. Das Dasein ist die ontisch-ontologische Bedingung der Möglichkeit aller Ontologien. Es ist an ihm selbst ‚ontologisch': zu seinem Sein gehört Seinsverständnis." „Das Dasein enthüllt sich als das Seiende, das zuvor ontologisch zureichend ausgearbeitet sein muß, soll das Fragen nach dem Sein ein durchsichtiges werden. Die Seinsfrage ist nichts anderes als die Radikalisierung einer zum Dasein selbst gehörigen wesenhaften Seinstendenz, des vorontologischen Seinsverständnisses." „Alle Explikate, die der Analytik des Daseins entspringen, sind gewonnen im Hinblick auf seine Existenzstruktur. Weil sie sich aus der Existenzialität bestimmen, nennen wir die Seinscharaktere des Daseins Existenzialien."
13 **3-33 (-34)** 14 **25-36 (26-)** 15 **1-5 (-7)** 45 **10-19 (11-20)** 130 **28-36 (31-39)** 131 **1-14; 27-37 (-38)** 139 **26-33 (27-34)** 140 **1-5** 199 **22-34 (23-35)** 200 **1-13** 302 **29-35 (30-37)** 303 311 312 313 314 315 316 **1-15 (-16)** 333 **35-37 (38-41)** 334 **5-18** 435 **37-39 (-)** 436 **1-31 (4-38)**
Vgl. Fundamentalontologie
cf. Anthropologie

Analytik und Seinsfrage
12 **3-12 (-13)** 14 **25-36 (26-)** 15 **1-5 (-7)** 37 **21-26 (20-)** 39 **15-24 (16-26)** 45 **3-9 (4-10)** 86 **28-37 (30-39)** 183 **10-16 (-17)** 200 **9-22 (-23)** 314 **5-20 (-21)** 316 **16-31 (17-33)** 333 **22-37 (25-41)** 436 **21-25 (27-31)**
Vgl. Frage nach dem Sein, Fundamentalfrage
Kant 211–215

Angst – §§ 40, 68 b
„Die Grundbefindlichkeit der Angst als *eine* ausgezeichnete Erschlossenheit des Daseins." „In der Angst, die nicht mit der Furcht verwechselt werden darf, versinkt die Welt, worin das Dasein alltäglich existiert, in der Unbedeutsamkeit. In der Nichtigkeit des Besorgbaren enthüllt sich die Unmöglichkeit des Sichentwerfens auf

ein Seinkönnen, das sich primär auf das Besorgen gründet. Darin leuchtet die Möglichkeit eigentlichen Seinkönnens auf.“ „Im Wovor der Angst wird das ‚Nichts ist es und Nirgends‘ offenbar.“
182 6-29 (-30) 186 18-40 (19-41) 187 1-6; 13-40 (-41) 188 1-9 191 1-37 (-39) 251 10-22 (-23) 254 7-24 265 35-38 (-39) 266 1-18 (-19) 276 28-40 277 1-38 (-39) 296 1-5 308 34-40 (36-41) 310 14-18 (15-19) 343 4-41 (3-) 344 1-21 (-22)
Vgl. Befindlichkeit, Erschlossenheit, Gewissen, Tod, Nichts
cf. Furcht
Kant 214–215 WiM 29–35, 41–42 Holzw 149–150, 246

Angst und Nichts – siehe Nichts und Angst
N II 393

animal rationale
48 31-35 (30-) 165 12-23
Vgl. Anthropologie
cf. Da-sein
Plat 49–50 Hum 12–16, 19, 21, 28–29, 37 VA 72–74, 91, 94–95 SvGr 79, 126, 147, 210 Gel 57, 59 WhD 24–28, 30, 66, 95–96 ID 24 N I 654 N II 23, 26, 193–195, 200, 245, 293–295, (306–307), 479 FD 82 WM 348

animalitas – s.: Tier-heit

An-sich – §§ 16, 18, 43
„In der primären und ausschließlichen Orientierung am Vorhandenen ist das ‚An-sich‘ ontologisch gar nicht aufzuklären. Das, was wir mit dem An-sich-sein im Auge haben, ist das Ansichhalten des Zuhandenen (in der Unauffälligkeit, Unaufdringlichkeit), das wir charakteristischerweise aber ‚zunächst‘ dem Vorhandenen, als dem thematisch Feststellbaren, zuschreiben.“
9 37-39 69 15-18 (16-19) 71 26-38 (27-40) 74 28-32 (30-34) 75 23-40 (26-41) 76 1-6 (-8) 80 34-40 (35-41) 87 19-23 (20-25) 88 14-36 (15-37) 106 28-36 (29-38) 116 29-34 (28-33) 118 3-5 (1-3) 169 36-39 201 31-36 (33-38) 202 13-20 (14-22) 207 38-41 (39-) 209 2-16 212 4-12 354 24-27 (25-28)
N II 462 KT 11 WM 265

Anthropologie, Abgrenzung gegen die – § 10
16 26-31 17 6-11; 24-28 24 40 (-) 25 1-5 45 10-19 (11-20); 30-32 (31-33) 48 20-39 49 1-36 (-38) 50 9-28 (10-29) 131 23-27 (-28) 183 10-16 (-17) 194 16-20 200 9-13 301 3-9 (5-11)
vgl. Subjekt, animal rationale
Kant 185–208 WdGr 42 WdW 27 Plat 50 Holzw 84–87, 91–92, 103 VA 86–87 WhD 73, 95–96 N I 363 N II 61, 129, 192, 194, 202, 292, 479

Anwesenheit, Sein als Anwesenheit
„Bei den Griechen ist Seiendes in seinem Sein als ‚Anwesenheit' (οὐσία, παρουσία) gefaßt." (Anwesen ist verbal zu verstehen: Seiendes west an, und nur auf dem Grunde dieses An-wesens kann es begegnen. Im Anwesen als solchem waltet schon Unverborgenheit.)
25 19-24; 38-40 (-41)   26 1-5 (-4)
Vgl. Unverborgenheit, Offenheit, Da, Welt
Kant 121–122, 216–218   WiME 16   WdW 11   Höld 53–55, 59–61, 127   Plat 32, 34–35, 38, 40, 42, 46–47   Holzw 319–342   VA 49–57, 61–62, 64, 220–222, 225–229, 242–256, 262–263, 265, 276–281   WhD 17–18, 41–42, 77, 92–93, 123, 135, 141–149   ID 23–25, 28, 65   SvGr 122, 154, 175, 177, 179   ZSF 21, 23, 27–28, 31, 33–35, 38, 40   USpr 21–22, 126, 132–135, 168–169, 213, 227, 233, 236–237, 245, 250–259, 266–267   N I 505, 542, 597–598, 602, 604, 655   N II 8, 11, 13, 15–16, 18–19, 137–140, 172, 210, 217–219, 223–226, 229–230, 286–287, 295–296, 324, 335, 338, 353, 389, 394, 403–412, 414–416, 420, 429, 430–433, 437, 444, 449–451, 458–459, 461–462, 470, 473 bis 474   FD 49, 147–149, 172, 175–179, 182   TK 42   KT 17, 21, 32–33, 35–36   WM 270–271, 319, 331, 336, 339–340, 342, 344–346, 349, 351, 353, 356–361, 363, 366–367, 369, 371

A priori
4 15-25   11 15-24 (14-)   41 11-18   45 1-4 (-5)   50 31-39 (33-40)   53 7-10 (-11)   65 10-13 (12-15)   85 2-9, 16-18   110 2-9 (3-10)   111 29-39 (28-)   115 33-37 (32-36)   131 23-27 (24-28)   149 36-38 (37-39)   150 28-38 (30-40)   165 38-41 (39-)   166 -2   193 30-34 (31-35)   199 22-28 (23-29)   206 7-11 (6-12)   229 16-22 (18-24)   321 20-24 (22-26)
WdGr 15, 29, 31   Kant 19, 22–24, 26, 43, 46–48, 50–52, 54–55, 63, 68, 75, 78–81, 83, 99–100, 102–103, 116, 153, 157, 179, 217   EiM 147   SvGr 125–126, 131–133, 135, 137   N II 213–220, 222–223, 226–227, 229, 244, 254, 346–347   FD 129–133, 140–151, 169–172, 178–179, 183–184

Atheismus
Hum 32–37   Holzw 196, 202   ID 51

Augenblick – § 68
„Augenblick meint die entschlossene, aber in der Entschlossenheit *gehaltene* Entrückung des Daseins an das, was in der Situation an besonderen Möglichkeiten, Umständen begegnet. Der gehaltene Augenblick erschließt die Situation und in eins damit das ursprüngliche Sein zum Tode."

328 **17-25** 338 **2-20 (-22)** 344 **3-13** 345 **37-41** 347 **28-31** 348 **38-40 (-41)** 349 **1-3** 350 **1-12 (-13)** 385 **11-18 (-20)** 386 **3-7 (4-); 27-30 (28-31)** 391 **33-40 (34-41)** 392 **1-2** 397 **2-12** 410 **23-32 (26-36)** 426 **38-40 (-)** 427 **1-4 (3-10)**
Vgl. Eigentliche Zeitlichkeit, Gegenwart, Ekstasen
cf. Uneigentliche Gegenwart = entspringendes Gegenwärtigen.
N I 37, 311–312, 314, 335, 356–357, 446–447, 466–467, 471 N II 41, 209, 335 TK 37

Auslegung, umsichtige – §§ 32, 33
„In der Auslegung eignet sich das Verstehen sein Verstandenes verstehend zu. Auslegung gründet im Verstehen. In der Auslegung kommt das Besorgte und Zuhandene *ausdrücklich* in die verstehende Sicht.“
Vgl. Verstehen, Umsicht, Als-Struktur
cf. Aussage, theoretisches Erkennen
USpr 95–98, 120–126, 135–136, 150–151

Auslegung, existenzial-ontologische – §§ 7 C, 63
37 **21-41 (20-)** 38 **1-7 (-6)** 39 **15-24 (16-26)** 67 **9-23 (10-24)** 230 **22-24 (25-28)** 231 **35-36 (36-37)** 232 **1-23 (-24)**
Vgl. Analytik, existenziale

Auslegung
Vgl. Hermeneutik, Interpretation
Kant 7–8, 13, 74–75, 123–124, 146–147, 161, 174, 177, 182–184, 186, 193–194, 197–198, 216–219, 221 WdGr 16, 36, 41, 44, 47, 49 Höld 7–8, 43 WdW 9 Holzw 14–16, 19–20, 27–28, 80, 91, 95, 162, 197, 254, 298–299, 313–314 EiM 124, 134, 150 Plat 25, 37, 46, 48, 49, 51 Hum 6, 13, 15 VA 238–239, 260–261 Gel 33 N II 112 bis 115, 138, 140, 173, 188, 190, 199, 210, 212, 220, 222-223, 262–263, 415 KT 19–22, 24–25, 29–35 WM 262–266, 268–269, 271–272, 310, 315, 329–331, 336–338, 340, 342–346, 350, 353, 358–359, 364 bis 365, 373, 377

Ausrichtung – §§ 23, 70
„Die Räumlichkeit des Daseins zeigt die Charaktere der Ent-fernung und Ausrichtung. Jede Näherung hat vorweg schon eine Richtung in eine Gegend aufgenommen. Das umsichtige Besorgen ist ausrichtendes Ent-fernen. Aus dieser Ausrichtung entspringen die festen Richtungen . . .“
Vgl. Räumlichkeit

Aussage – §§ 7 B, 33, 44 a, b, 69 b
„Die Aussage und ihre Struktur, das apophantische Als, sind in der Auslegung und deren Struktur, dem hermeneutischen Als, und

weiterhin im Verstehen, der Erschlossenheit des Daseins, fundiert. Wahrheit aber gilt als auszeichnende Bestimmung der so abkünftigen Aussage. Demnach reichen die Wurzeln der Aussagewahrheit in die Erschlossenheit des Verstehens zurück."
Vgl. Logik, Logos, Auslegung, theoret. Erkennen

Aussage als abkünftiger Modus der Auslegung – § 33

Aussage als Ort der Wahrheit in der traditionellen Philosophie – §§ 7 B, 44 a, b
33 **23-41** 34 **1-6** 154 **14-19 (18-23)** 214 **3-23 (4-24)** 226 **11-19 (12-21)**
WdW 6–12 EiM 141–147 Plat 44–46 Holzw 287, 291, 324 SvGr 45 USpr 186, 203 WdGr 11–12 N I 171, 173, 529 N II 417, 425, 430 FD 27, 30, 34, 91 KT 14, 33 WM 371

Außer-sich – siehe Ekstasen

Ausweichen – siehe Flucht

Bedeutsamkeit – §§ 18, 31, 69 c
„Den Bezugscharakter der Verweisungsbezüge fassen wir als *Bedeuten*. In der Vertrautheit mit diesen Bezügen ‚bedeutet' das Dasein ihm selbst. Es gibt sich ursprünglich sein Sein und Seinkönnen zu verstehen hinsichtlich seines In-der-Welt-seins. Das Bezugsganze dieses Bedeutens nennen wir die *Bedeutsamkeit*. Sie macht die Weltlichkeit der Welt aus."
87 **4-34 (-37)** 123 **10-35 (11-36)** 129 **14-35 (-36)** 143 **12-20** 161 **5-27 (4-)** 186 **14-28 (15-29)** 187 **2-18** 297 **17-28 (19-30)** 343 **4-29 (3-28)** 414 **12-31 (17-37)**
Vgl. Weltlichkeit, In-der-Welt-sein, Bewenden-lassen, Verweisung, Verstehen, Rede, Sprache, Wort

Bedeutsamkeit, Bewandtnisganzheit und Welt – § 18
Vgl. Weltlichkeit

Bedeutsamkeit, Sprache und Wort
87 **27-31 (30-34)** 161 **10-27** 349 **30-35**

Befindlichkeit (Stimmung) – §§ 29, 30, 40, 68 b
„Befindlichkeit ist der ontologische Titel für das Gestimmtsein, die Stimmung. In der Befindlichkeit ist das Dasein immer schon vor es selbst gebracht; es hat sich, als gestimmtes Sichbefinden, immer schon gefunden. Die Stimmung erschließt das Dasein in seiner Geworfenheit, zunächst und zumeist in der Weise der ausweichenden Abkehr. Stimmung erschließt das Da ursprünglich, verschließt es aber auch entsprechend hartnäckig. Als Weise des In-der-Welt-seins

steigt die Stimmung aus diesem selbst auf; die Stimmung überfällt.“
136 **13-23 (-24)** 137 **1-9 (-10); 28-29 (30-31)** 138 **1-3 (3-4)** 139 **19-31 (20-33)** 148 **1-6 (3-8)** 162 **27-34 (-35)** 310 **14-20 (15-22)** 328 **10-13** 340 **11-22 (10-21)** 365 **11-16 (12-17)**
Vgl. Angst, Furcht, (Freude, Gleichmut), Geworfenheit, Erschlossenheit
Kant 205, 212, 214 WdGr 13, 46–54 WiM 28–35, 41, 42 Höld 113 EiM 119–120 SvGr 91 USpr 208, 235 Phil 36–44 N I 62–64, 118–120, 125–126, 145, 265, 605 N II 29, 390, 481–482, 484–485

Begegnen (-lassen)
„Die Welt muß schon ekstatisch erschlossen sein, damit aus ihr her innerweltliches Seiendes begegnen kann.“ „Das Begegnenlassen gründet in einer Gegenwart; sie gibt den ekstatischen Horizont, innerhalb dessen Seiendes leibhaftig anwesend sein kann.“
62 **11-14 (13-16)** 72 **13-15 (15-17)** 88 **3-12 (-13)** 111 **14-17 (13-16)** 118 **6-24 (3-23)** 123 **6-13 (7-14)** 137 **14-29 (15-31)** 297 **17-22 (19-25)** 333 **10-14 (12-16)** 346 **29-31** 366 **1-27 (2-)** 381 **21-30 (23-32)**
Vgl. Freigabe, Bewenden-lassen, Entdecken, Sein bei . . ., Innerweltlichkeit, In-der-Welt-sein, Offenheit
Kant 70–72, 75, 77, 80–81, 86, 108, 114–115, 180, 205–206
Holzw 42, 190, 262 Höld 59 FD 24, 161, 169–177, 179, 183–184. 187–189

Behalten – § 68 a
„Vergessenheit als uneigentliche Gewesenheit bezieht sich auf das geworfene eigene *Sein*. Nur auf dem Grunde dieses Vergessens kann das besorgende Dasein *behalten*, und zwar das umweltlich begegnende Seiende. Diesem Behalten entspricht ein Nichtbehalten, das ein „Vergessen“ im abgeleiteten Sinne darstellt. In der Weise der Vergessenheit ‚erschließt‘ die Gewesenheit primär den Horizont, in den hinein das an die ‚Äußerlichkeit‘ des Besorgten verlorene Dasein sich erinnern (behalten) kann.“
339 **15-27 (16-29)** 353 **29-36 (30-39)** 356 **1-21** 359 **28-33** 406 **26-39 (27-40)** 407 **1-10**
Vgl. uneigentliche Zeitlichkeit, Vergessen, Gewesenheit, Zeitlichkeit, des Besorgens, Zeitlichkeit des Verfallens
cf. Wiederholung
FD 23

Benommenheit
„Das In-der-Welt-sein ist als Besorgen von der besorgten ‚Welt‘ benommen.“ „Das Dasein verliert sich an die ‚Welt‘ in der faktischen Angewiesenheit auf das zu Besorgende.“

61 25-26 (26-27) 76 16-18 (18-20) 113 32-39 (-40) 114 1-2 (1) 129 14-19 176 1-10
348 2-11; 33-40 (-41) 349 1-3
Vgl. Vergessen, Verfallen, Selbstverlorenheit, Flucht, Alltäglichkeit
WdGr 4–7, 54 WM 334, 379, 392

Besorgen – §§ 15, 16, 26, 69 a, 79
„Der Titel ‚Besorgen' ist als ontologischer Terminus (als Existenzial) gebraucht, als Bezeichnung des Seins einer bestimmten Weise des In-der-Welt-seins. Er wurde gewählt, weil das Sein des Daseins selbst als *Sorge* sichtbar gemacht werden soll." „Besorgen ist alles Zutunhaben mit etwas, alles Herstellen, Pflegen, Verwenden, Aufgeben, Betrachten etc. von etwas."
56 33-39 57 1-24 (-25) 67 1-6 (2-8); 23-34 (24-36) 69 20-32 (21-33) 76 7-18 (9-20)
85 16-24 (-25) 107 20-41 (21-) 108 1-3 (-5) 119 1-21 (-22) 124 1-7 125 36-39 (37-40) 141 25-27 (24-) 175 29-34 (30-35) 193 1-6 194 21-34 239 25-38 (26-39)
263 26-37 (28-39) 333 4-13 (6-15) 337 11-40 (10-) 353 16-22 (-25) 389 39-40 (40-41)
390 1-11 406 15-32 (16-33) 409 27-40 (31-41) 410 1-22 (-26)
Vgl. Alltäglichkeit, Verfallen, Sorge, Fürsorge

Bewandtnis siehe Bewenden-lassen

Bewandtnisganzheit – § 18
„Welche Bewandtnis es mit einem Zuhandenen hat, das ist je aus der Bewandtnisganzheit vorgezeichnet. Die Bewandtnisganzheit ist ‚früher' als das einzelne Zeug."
85 25-37 (26-38) 87 32-34 (35-37) 110 18-31 144 32-39 (33-41) 151 17-24 (18-25)
186 21-28 (23-29) 187 2-18 297 17-29 (19-32)
Vgl. Bewenden-lassen, Bedeutsamkeit, Verweisungszusammenhang, Weltlichkeit, In-der-Welt-sein, Erschlossenheit

Bewandtnisganzheit und Worumwillen
84 18-34 (19-35) 86 7-27 (8-29) 143 12-20 145 13-15 297 17-29 (19-32) 359 6-10
364 19-35 (20-36)
Vgl. Worum-willen
FD 55

BEWEGUNG
„Die Dunkelheiten lassen sich um so weniger abstreifen, als in allen Fragen das *Rätsel* des *Seins* und der *Bewegung* sein Wesen treibt."
348 33-36 374 37-41 (38-) 375 1-8 (-9) 389 11-23 (-24); 34-38 (35-39) 392 4-8
Vgl. Weg, Bezug
Holzw 37–38, 259 SvGr 143–144 Gel 43, 47, 51–52 USpr 73, 197–198, 202, 206, 211, 213–216, 232, 261–262, 264, 266 Phil 27
N I 67 FD 33–34, 36–37, 118, 188

Bewenden-lassen (Bewandtnis) – §§ 18, 69 a
„*Mit* allem Zuhandenen hat es *bei* etwas sein Bewenden (z. B. mit dem Hammer beim Hämmern). Auf Bewandtnis ist das innerweltlich Begegnende je schon freigegeben. Dieses, daß es eine Bewandtnis mit ihm hat, ist eine *ontologische* Bestimmung des Seins dieses Seienden. Das Wobei es die Bewandtnis hat, ist das Wozu der Dienlichkeit, das Wofür der Verwendbarkeit.“ „Bewenden-lassen ist vorgängige Freigabe des Seienden auf seine innerumweltliche Zuhandenheit.“
84 **1-12 (2-13)** 85 **9-24 (-25)** 86 **1-21 (-22)** 87 **12-26 (-29)** 144 **32-39 (33-41)** 148 **32-36 (34-38)** 300 **2-6 (4-7)** 343 **4-17 (3-)** 353 **1-22 (-25)** 354 **6-20 (7-21)** 355 **17-20** 412 **18-23 (22-27)**
Vgl. Verweisung, Bedeutsamkeit, Freigabe, Zeug, Zuhandenheit

Bewenden-lassen, seine Zeitlichkeit – § 69 a, b
353 **16-37 (-39)** 354 **1-20 (-21)** 355 **17-20** 412 **18-23 (22-27)**

BEZUG (Seinsbezug und Da-sein)
7 **20-22 (19-21)** 8 **16-28 (17-30)** 12 **3-12 (-13)** 146 **23-28 (25-30)** 183 **28-40 (-41)** 212 **4-17** 226 **26-35 (29-38)** 227 **35-39 (36-41)** 228 **1-23 (-24)** 230 **1-10 (3-12)** 316 **20-24 (21-25)**
Vgl. Seinsverständnis, Existenz, Wahrheit, Zeitlichkeit, Sorge, Ruf, Nichts, es gibt
(Bezug, Brauch, Gehören, Entsprechen:) EiM 22, 106–112, 115–117, 124–136, 140, 156 WiM 9–10, 12–13, 36, 42, 44–46 Höld 37, 42, 54, 66–67, 94, 111 Holzw 176, 187–188, 259–261, 338–340, 343 Hum 5–7, 13, 16, 18, 20–23, 29, 31–32, 42–47 VA 31–44, 56–57, 68–70, 92, 99, 134–143, 245–256, 260–261, 265–266, 278–279 WhD 34, 45, 74, 85, 95–97, 114–119, 131–132, 139–140, 146–148, 168–169, 171 ZSF 21, 27, 28, 30, 31, 38–39 SvGr 88, 91, 101, 105–108, 119–122, 144–147, 155–157, 161, 164, 176, 185–187, 203, 208–211 ID 22–32, 34, 42, 71 Gel 25, 32–33, 50–55, 59, 61–70, 73 USpr 30–33, 69–71, 110, 114–117, 121–122, 125–127, 131, 135–137, 141, 148–155, 165, 167–169, 175–177, 179–181, 184, 185, 191, 196–202, 209–210, 214–215, 221, 230–231, 253–267 Phil 21, 32–37, 40, 43–46 N I 168, 231, 264 N II 76, 194–195, 205–207, 243–246, 252–253, 256–257, 262, 291–293, (304–305), 342, 344, 354, 356–359, 365–369, 372, 377–379, 381, 388, 390–392, 397–398, 435, 443, 445, 451, 476, 481–485, 487, 489 TK 38–40, 45–47 KT 34–35 WM 334–335, 348, 359, 362

Biologie
49 **34-38 (35-)** 50 **1-21 (-22)** 58 **3-17 (4-)**

Hum 14   VA 86, 274   N I 55, 119, 134–135, 361–363, 517–527
FD 39

Christentum
48 35-39 (36-)   49 1-19 (-20)   190 A   199 A   229 36-40 (39-41)   (230 -2)
Vgl. Gott, christlicher, Schöpfergott
WiM 35   WdGr 24–26   Kant 18   WdW 8   EiM 80, 103, 147
Höld 57, 108   WiME 18   Hum 10–11, 17, 28, 35   VA 55, 260
Holzw 70, 75, 86, 99, 187, 200–204, 209, 234, 248, 297, 310   WhD
44   SvGr 123   ID 51   USpr 75–77, 96, 203   Phil 13   N I 14,
108, 257, 321–323, 489–490, 543   N II 131–132, 144–146, 187, 225,
273, 275–276, 302, 320–321, 412, 414, 422–427, 472, 476–478   FD
18, 77, 84–86   WM 309, 338–339

Cogito sum
24 19-40 (-41)   25 1-5   45 38-39 (39-40)   46 1-6   211 13-20 (-21)
Vgl. Subjekt
Holzw 100–102, 220, 224–225   Hum 24, 44   VA 73–75, 84–85
SvGr 132   Phil 41   N I 67, 99   N II 148, 150–164, 166–169, 174
bis 184, 188–189, 232, 245, 301, 428, 432–435, 441–442, 461, 463, 467,
471–472, 474, 477   FD 80–83   WM 257–258, 383

Copula
159 33-41 (34-)   160 1-13   349 23-35 (24-)   360 20-24 (-25)
Vgl. Sein des Seienden, Grammatik
Holzw 324   WhD 106–107, 137, 166, 171–172   Hum 22   USpr
215   ID 16, 22, 28, 48–49, 62, 67, 72   SvGr 89–90, 92–93, 204
N II 469–470   KT 13–14, 16–18

Da – §§ 28, 29, 31
„Der Ausdruck ‚Da' meint die wesenhafte Erschlossenheit des Daseins. Durch sie ist das Dasein in eins mit dem Da-sein von Welt für es selbst ‚da'. Das Da ist gelichtet (ist Lichtung). Das Dasein versteht sich und seine Welt in der Einheit des Da." „Es *ist* in der Weise, sein Da zu sein."
132 28-41 (29-40)   133 1-10 (-12)   134 23-31 (-32)   135 4-12; 24-36 (25-38)   137 28-29 (30-31)   139 26-27 (27-28)   143 10-20 (9-)   145 15-18   146 24-28 (26-30)   147 1-3 (4-6)   170 23-29 (22-)   220 29-38 (30-39)   221 1-6 (-7)   270 12-28 (13-29)   350 17-37 (18-38)   351 1-12   366 4-17 (5-18)
Vgl. Erschlossenheit, Lichtung, Welt, Spielraum
Kant 206–207   EiM 124–125   WiME 14   Holzw 49, 311–312
Hum 15–16, 24–25   WhD 107   N I 55, 381   N II 358, 475

Sein des Da – §§ 28, 29, 31, 69 c
„Das Da-sein hat sein Da zu sein. Weil das Wesen des Daseins darin liegt, daß es je sein Sein als seiniges zu sein hat, ist der Titel Dasein als reiner Seinsausdruck zur Bezeichnung dieses Seienden (Mensch) gewählt."
132 **28-41 (29-40)** 133 **1-17 (-20)** 134 **29-37 (30-38)** 135 **4-12; 24-36 (25-38)** 137 **28-29 (30-31)** 139 **26-27 (27-28)** 142 **36-39 (-40)** 143 **1-20** 145 **13-19 (-20)** 146 **23-28 (25-30)** 147 **26-35 (29-38)** 148 **1-9 (3-10)** 160 **27-32 (28-)** 165 **12-15** 220 **29-38 (30-39)** 221 **1-6 (-7)** 270 **12-36 (13-37)** 271 **1-34** 284 **10-30 (9-29)** 297 **13-36 (15-39)** 298 **1-11 (-12)** 300 **2-17 (4-19)** 335 **26-29** 366 **4-17 (5-18)**
Vgl. In-Sein, Da-sein, In-der-Welt-sein, Befindlichkeit, Entwurf, Verstehen, Seinsverständnis, Seinkönnen
Kant 206–207 Hum 15–16

Dasein im herkömmlichen Sinne – siehe existentia (essentia-existentia)

DASEIN
„Das ,Wesen' des Daseins liegt in seiner Existenz. Die am Dasein herausstellbaren Charaktere sind nicht vorhandene ,Eigenschaften' eines so und so ,aussehenden' vorhandenen Seienden, sondern je ihm mögliche Weisen zu *sein* und nur das. Dasein *ist* je seine Möglichkeit."
Vgl. Sein des Da, Existenz, In-der-Welt-sein
Kant 204–219 EiM 133, 135–136, 156 Holzw 55–56, 62–63, 65, 104, 311–312, 321 WiME 13 VA 63 ZSF 17 N I 55, 168 bis 170, 192, 194, 275, 277–278, 381 N II 194, 358, 475–476 FD 31, 38 WM 383–384

Dasein als In-der-Welt-sein – §§ 12, 18 siehe In-der-Welt-sein

Dasein als Mitsein – §§ 25–27 siehe Mitsein

Dasein als Sorge – §§ 41, 45, 61, 64, 65 siehe Sorge

Dasein existiert – § 9
12 **19-20 (20-21); 25-32 (27-35)** 13 **3-7** 42 **16** 43 **21-26 (22-27)**
117 **20-21 (18-20)** 126 **2-6** 133 **11-14 (13-17)** 143 **10-38 (9-39)** 144 **1-3 (-2); 15-19 (-18)** 162 **24-29 (-30)** 179 **11-31 (-32)** 262 **39-40 (-)** 263 **1-3 (-5)** 276 **8-18 (7-17)** 277 **13-15 (14-17)** 280 **9-15 (8-14)** 284 **10-40 (9-41)** 285 **1-18 (-17)** 311 **1-9 (2-10)** 316 **10-15 (12-16)** 327 **34-37 (-39)** 328 329 **1-7 (-6)** 337 **32-35** 394 **28-37 (29-38)**
Vgl. Existenz, Existenzialität, Ekstasen

Dasein ist endlich – §§ 64, 65 siehe Endlichkeit

Dasein existiert faktisch – § 38
56 4-11; 33-35 135 9-13 (-14); 20-23 (-24) 136 21-23 (-24) 276 8-18 (7-17) 284 10-40 (9-41) 285 1-5 (-4) 328 1-40 (-41) 329 1-7 (-6)
Vgl. Faktizität, geworfener Entwurf

Dasein hat sein Sein zu sein
12 20-24 (22-26) 41 30-31 42 1-4 134 32-34 (33-35) 135 4-8 276 15-18 (14-17) 284 10-40 (9-41) 285 1-5 (-4) 300 2-6 (4-7)
Vgl. Existenz

Dasein verhält sich zu seinem Sein (es geht um das Sein)
12 3-12 (-13) 14 35-36 (-) 15 1-5 (-7) 41 30-31 42 1-2; 23-24; 30-35 (31-36) 44 7-13 (8-14) 52 38 (39) 53 1-2 133 11-14 (13-17) 179 11-31 (-32) 191 29-38 (31-40) 192 1-4 (-5) 193 16-29 (-30) 228 6-14 (7-) 231 11-14 (-15) 236 8-13 240 10-15 (-16) 250 11-13; 29-40 (-41) 252 23-24 (25-26) 263 13-30 (15-33) 277 31-38 (32-39) 284 29-30 287 3-9 (4-10)
Vgl. Existenz, Sich-vorweg, Worumwillen

Dasein ist befindlich – §§ 29, 68 b siehe Befindlichkeit

Dasein ist erschlossen – §§ 28, 29 siehe Erschlossenheit

Dasein ist geschichtlich – §§ 72, 74 siehe Geschichtlichkeit

Dasein ist geworfen – § 29 siehe Geworfenheit

Dasein ist geworfener Entwurf – §§ 31, 68 a siehe geworfener Entwurf

Dasein ist Lichtung – §§ 28, 31, 69 siehe Lichtung

Dasein ist je meines – siehe Jemeinigkeit

Dasein ist Möglichkeit – siehe Seinkönnen, Möglichkeit

Dasein ist (vor-)ontologisch (ist durch Seinsverständnis bestimmt) – §§ 4, 18, 63, 65
12 3-18 (-19) 13 13-32 14 34-35 (-) 15 1-5 (-7); 25-37 (27-39) 16 1-7 17 29-31 20 10-17 58 26-38 (-39) 72 16-29 (18-31) 86 1-37 (-39) 87 4-34 (-37) 123 36-40 (37-41) 124 1-2 147 26-35 (29-38) 183 28-32 200 32-38 (33-40) 201 1-3 212 4-12; 29-31 (30-32) 230 1-4 (3-6) 313 27-41 314 8-20 (9-21) 315 10-14 (11-15) 316 17-24 (19-25) 323 35-36 (-) 324 (1-2); 22-37 (25-39) 325 (1-10 (-11) 364 4-17 (5-18) 372 10-19 406 1-5
Vgl. Seinsverständnis, vorontologisch

Dasein ist schuldig – § 58 siehe Schuldigsein

Dasein hinsichtlich seines Grundes – § 58 siehe Grund

Dasein ist verstehend – §§ 31, 68 a siehe Verstehen

Dasein ist in der Wahrheit – § 44 b, c siehe Wahrheit

Dasein verfällt – §§ 35–38 siehe Verfallen

Dasein zeitigt sich – §§ 65, 68–71 siehe Zeitigung

Seinsverfassung des Daseins – §§ 12, 41, 61, 65, 67
54 30-32 57 25-37 (26-38) 58 26-38 (-39) 143 1-3 (-2) 191 21-38 (23-40) 192 193 1-32 (-33) 221 1-36 (-39) 222 1-20 (-21) 230 17-28 (21-32) 231 6-18 (-19) 263 13-38 (15-39) 264 1-2 (-3) 269 24-32 303 24-27 (23-); 38-40 (-41) 304 1-12 306 5-31 (7-) 312 32-37 (-38) 317 11-24 (10-26) 326 17-28 (18-29) 331 9-27 (-30) 334 21-36 (-37) 350 8-37 (-38) 351 1-12 366 32-34 372 10-19 374 20-38 (-39) 404 9-11 436 11-23 (17-29) 437 27-38 (34-41) (438 1-5)
Kant 209, 215

Ontisch-ontologischer Vorrang des Daseins
13 24-33 (-34) 14 3-33 (-36)
Vgl. Dasein ist (vor-)ontologisch, ontisch-ontologisch, vorontologisch

Ontologische Fehldeutung des Daseins – §§ 10, 43 a, 48, 64
15 25-37 (27-39) 16 1-7 21 11-17; 38-40 (39-41) 22 1-5 24 25 1-5 45 25-39 (26-40) 46 1-19 48 25-39 49 1-4 (-5); 20-32 (21-33) 58 26-38 (-39) 114 20-39 (-40) 115 1-2 116 4-12 (3-11) 121 36-41 (38-) 122 1-2 (-3) 130 1-14 (-15) 181 35-41 182 1 183 19-24 201 4-30 (-32) 225 14-32 (-33) 229 16-35 (18-38) 275 24-35 (23-) 278 5-14 311 10-33 (11-35) 315 39-40 (41) 316 1-8 (-9) 318 4-36 (6-) 319 1-7 (-11) 320 1-8 (4-11) 373 22-41 387 13-19 (14-21) 388 9-25 (10-26)
Vgl. Bisherige Ontologie des Menschen

Dasein und Nichts
186 18-40 (19-41) 187 1-20 (-21) 276 28-40 277 1-4 (-5) 283 25-32 (23-31) 284 10-40 (9-41) 285 1-37 287 1-12 (-14) 306 19-31 (20-) 308 37-40 (39-41) 330 12-19 343 11-28 (10-27) 348 26-32
Vgl. Nichts, Angst, Tod, Schuld, Gewissen, Un-zuhause
Kant 71, 214–215 WiME 20–21 WiM 24–38, 41–42 WiMN 46

Dasein und Sein zum Tode – §§ 49–53 siehe Tod

Dasein und Vergessenheit – §§ 68, 69 siehe Vergessen

Daß-sein – siehe existentia (essentia – existentia)

Datierbarkeit – §§ 79, 80, 81
„Jedes ‚dann' ist *als solches* ein ‚dann, wann ...', jedes ‚damals' ein ‚damals, als ...', jedes ‚jetzt' ein ‚jetzt, da ...'. Wir nennen diese scheinbar selbstverständliche Bezugsstruktur der ‚jetzt', ‚damals' und

‚dann' die *Datierbarkeit*. Die Datierbarkeit der ‚jetzt', ‚damals' und ‚dann' ist der *Widerschein* der *ekstatischen* Verfassung der Zeitlichkeit und *deshalb* für die ausgesprochene Zeit selbst wesenhaft. Weil in der *ekstatischen* Einheit der Zeitlichkeit je schon das Dasein ihm selbst als In-der-Welt-sein erschlossen und in eins damit innerweltlich Seiendes entdeckt ist, hat die ausgelegte Zeit je auch schon eine Datierung aus dem in der Erschlossenheit des Da begegnenden Seienden: jetzt, da – die Tür schlägt, und dergl."
406 **26-32 (27-33)** 407 **11-14** 408 **4-11 (6-14); 23-37 (26-39)** 410 **37-40 (-)** 411 **1-8 (-13)**
417 **22-30 (25-33)** 418 **1-14** 422 **15-29 (18-33)** 423 **7-12 (10-15)**
Vgl. Zeit als Weltzeit, Zeitlichkeit, Zeitigung
cf. Zeit als Jetztfolge
Höld 73

DENKEN – siehe Frage nach dem Sein

„Denken" als Vorstellen – siehe Vorstellen, Rechnen

Destruktion – § 6
„Die Destruktion will nicht die Vergangenheit in Nichtigkeit begraben, sie hat *positive* Absicht. Ihre negative Funktion bleibt unausdrücklich und indirekt." „Sie soll die ontologische Tradition in ihren positiven Möglichkeiten, und das besagt immer, in ihren Grenzen abstecken", „um sich in der positiven Aneignung der Vergangenheit in den vollen Besitz der eigensten Fragemöglichkeiten zu bringen." „Diese Aufgabe verstehen wir als Destruktion des überlieferten Bestandes der antiken Ontologie *auf die ursprünglichen Erfahrungen*, in denen die ersten und fortan leitenden Bestimmungen des Seins gewonnen wurden,"
19 **18-29 (20-31)** 20 **40-41** 21 **1-4; 30-34** 22 **24-41** 23 **1-5** 26 **29-33 (28-32)** 219 **10-18**
220 **1-13**
Vgl. Wiederholung, Tradition, Überlieferung
Hum 33 ZSF 36 USpr 109, 130–131 Phil 33–34 N II 415

DICHTUNG
162 **32-34 (-35)**
Vgl. Wort, Rede
Holzw 32, 59–64, 250–252, 293–295 Höld ganz, insbesondere 31 bis 45 Hum 25–26, 46 VA 187–204 WhD 6–8, 52, 87, 154–155, 163 USpr ganz, insbesondere 37–38, 68–70, 73–75, 143, 162–173, 179–196, 202, 216, 221, 237–238, 267 SvGr 69 Phil 45 N I 329, 471–472 N II 262 FD 39 TK 41

Dienlichkeit – siehe Zeug, Zuhandenheit, Bewandtnisganzheit

Differenz, ontologische – siehe Sein und Seiendes

DING

(‚Ding' wird in ‚Sein und Zeit' im hergebrachten Sinne von ‚Vorhandenes' gebraucht; der spätere Wortgebrauch ist aus den folgenden Hinweisen auf die späteren Werke zu entnehmen.)

67 36-40 (37-41) 68 1-20 (-21) 74 5-13 (7-15) 81 4-14 (-15) 83 27-34 (29-36) 99 12-25 (13-26) 100 7-14 (11-18) 130 7-9 369 12-22 (13-23)

Vgl. Vorhandenes

cf. Zuhandenes, Zeug

Holzw 7–58 Plat 29 VA 151–162, 164–181 Gel 42, 54–58, 60, 66 USpr 20–32, 164–165, 170, 187–188, 208, 216, 221, 229, 232 bis 233, 236–238 FD 3–5 TK 42, 44, 46

Durchschnittlichkeit – siehe Man

Eigenstes Seinkönnen – siehe Seinkönnen, eigenstes

Eigentlichkeit

„Die beiden Seinsmodi der *Eigentlichkeit* und *Uneigentlichkeit* – diese Ausdrücke sind im strengen Wortsinne terminologisch gewählt – gründen darin, daß Dasein überhaupt durch Jemeinigkeit bestimmt ist." „Dem *Freisein für* die Eigentlichkeit seines Seins als Möglichkeit ist das Dasein als In-der-Welt-sein überantwortet." „Das Hören konstituiert die *eigentliche* Offenheit des Daseins für sein eigenstes Seinkönnen, als Hören der Stimme des Freundes, den jedes Dasein bei sich trägt." „Die Selbstheit des Selbst ist existenzial nur abzulesen am eigentlichen Selbstseinkönnen, d. h. an der Eigentlichkeit des Seins des Daseins als *Sorge*."

42 30-40 (31-41) 43 1-7 (-8) 53 2-6 122 15-25 (16-27) 130 19-25 (20-26) 144 12-13 163 24-26 179 25-31 (26-32) 187 32-40 (33-41) 188 1-9 191 1-6 (-7); 29-37 (31-39) 193 16-25 221 24-34 (26-37) 234 12-28 (13-29) 250 29-40 (-41) 251 22-24 (23-25) 260 31-38 (33-40) 262 34-35 (36-38) 263 13-38 (15-39) 264 1-36 (-37) 268 20-26 (21-28) 269 28-32 271 3-16 (2-); 27-29 (28-) 277 24-38 (25-39) 279 21-36 280 16-35 (15-34) 286 41 (-) 287 1-12 (-14); 33-39 (35-41) 295 22-38 (24-40) 296 1-5; 17-25 (18-26) 297 3-5 (4-6) 298 4-23 (-24) 302 16-28 (-29) 304 4-12 (3-) 306 19-31 (20-) 322 29-41 323 1-3 (-5) 325 30-39 (33-41) 326 1-25 (-26) 328 35-38 (36-) 336 20-29 (21-) 338 2-11 339 5-7 343 25-41 (24-) 344 8-21 (-22) 348 7-9; 20-23 383 27-36 (28-37) 384 1-14 385 11-18 (-20) 386 21-25 (22-27) 391 3-13 (-14)

Vgl. Seinkönnen (eigenstes), Jemeinigkeit, Selbst, Angst, Gewissen-haben-wollen, Schuldig-sein, Vorlaufen, Wiederholen, Augenblick, Entschlossenheit, Bezug

cf. Uneigentlichkeit, Man

Einräumen – § 24
„Das Begegnenlassen des innerweltlich Seienden ist ein ‚Raum-geben'. Dieses ‚Raum-geben', das wir auch *Einräumen* nennen, ist das Freigeben des Zuhandenen auf seine Räumlichkeit. Zum In-der-Welt-sein gehört das Einräumen – als Existenzial verstanden." „Existierend hat das Dasein sich je schon einen Spielraum eingeräumt."
111 **14-28 (13-27)** 367 **38 (-)** 368 **1-8 (-9); 21-41** 369 **1-11 (-12)**
Vgl. Räumlichkeit (daseinsmäßige), Gegend, Raum
Holzw 34 VA 154–162, 195 SvGr 108–109, 110, 129–130, 150 USpr 213–215 Höld 16, 18 FD 156

Ekstasen der Zeitlichkeit – §§ 65, 68, 69 c, 79
„Zukunft zeigt den Charakter des ‚Auf-sich-zu', Gewesenheit den des ‚Zurück-auf', Gegenwart den des ‚Begegnen-lassens-von'. Die Phänomene des zu . . ., auf . . ., bei . . . offenbaren die Zeitlichkeit als das ἐκστατικόν schlechthin. Zeitlichkeit ist das ursprüngliche ‚Außer-sich' an und für sich selbst. Wir nennen daher die Phänomene Zukunft, Gewesenheit, Gegenwart die *Ekstasen* der Zeitlichkeit; das Wesen der Zeitlichkeit ist Zeitigung in der Einheit der Ekstasen."
328 **39-40 (-41)** 329 **1-7 (-6); 18-32 (-33)** 331 **10-13 (-14)** 337 **17-40 (-41)** 338 **1-11** 339 **10-15 (-16)** 340 **7-22 (-21)** 341 **6-10; 28-33 (29-34)** 343 **30-41 (29-)** 345 **24-29 (25-); 34-37** 346 **1-5; 27-31** 347 **14-24; 40-41** 348 **1-6 (-7); 20-40 (-41)** 349 **1-11** 365 **2-41 (1-)** 366 369 **6-32 (7-33)** 391 **3-8 (-9)** 408 **4-13 (6-16); 23-39 (26-)** 409 **1-20 (-25)** 410 **33-36 (37-41)** 426 **38-40 (-)** 427 **1-13 (3-18)**
Vgl. Existenz, eigentliche Zeitlichkeit, horizontales Schema, Transzendenz
Kant 111 Holzw 311–312 Hum 15–25, 29, 35 USpr 141, 213 bis 214 N II 358, 475–476

Ekstasen, Einheit der – §§ 65, 69 c
„Das Wesen der Zeitlichkeit ist Zeitigung in der Einheit der Ekstasen. Sie zeitigt sich je in der Gleichursprünglichkeit derselben. Aber innerhalb dieser sind die Weisen der Zeitigung verschieden."
326 **17-21 (18-23)** 329 **18-26** 337 **32-35** 338 **29-30 (30-31)** 339 **1-7; 27-34 (29-36)** 344 **14-17; 29-31 (30-32)** 346 **10-12; 33-36 (34-)** 348 **3-6 (4-7)** 350 **1-16 (-17); 27-31 (28-32)** 353 **27-31 (30-34); 36-37 (-)** 354 **1-8 (-9)** 355 **17-20** 359 **28-33** 365 **18-38 (19-39)** 366 **1-34 (2-)** 396 **31-41** 397 **1-4**
Vgl. Zeitlichkeit, Zeitigung, horizontales Schema, Transzendenz
Kant 178

Empfindung
163 **33-41** 164 **1-9**
Vgl. Sinne

Holzw 15, 100 VA 214 WhD 88–89 SvGr 85–89 FD 161, 164. 168–172 KT 24, 33

Ende. Sein zum Ende – siehe Tod, Sein zum Tode

Endlichkeit – §§ 65, 74
„Dasein hat nicht ein Ende, an dem es nur aufhört, sondern *existiert endlich.*" „Seine Endlichkeit ist ein Charakter der Zeitigung selbst. Der ekstatische Charakter der ursprünglichen Zukunft liegt gerade darin, daß sie das Seinkönnen schließt, d. h. selbst geschlossen ist und als solche das entschlossene existenzielle Verstehen der Nichtigkeit ermöglicht."
264 3-27 (5-28) 329 33-39 (34-41) 330 1-23 (-24) 331 9-13 (-14) 384 6-11 385 6-18 (7-20) 386 21-23 (22-24) 425 36-41 (41) 426 1-11 (-16)
Vgl. Zeitlichkeit, Tod, Vorlaufen
Kant 28–29, 70–71, 74–77, 82–88, 102, 106, 108, 116, 128, 135–136, 142, 155–157, 172, 175, 177–178, 195–222 WdGr 47–54 WiM 34 bis 36 N II 196 KT 20 WM 390, 394–395

Endlosigkeit der uneigentlichen Zeit – § 81
330 2-11 (1-); 24-39 (25-41) 331 1-8 424 3-38 (5-) 425 426 1-21 (-26)
Vgl. Zeit als Jetztfolge

Entdecken, Entdeckendsein – § 44 a, b
„Entdeckendsein ist ontologisch nur möglich auf dem Grunde des In-der-Welt-seins. Es gründet in der Erschlossenheit der Welt. Erschlossenheit aber ist die Grundart, gemäß der das Dasein sein Da ist."
87 19-34 (20-37) 88 3-12 (-13) 110 18-23 129 30-35 (31-36) 218 24-28 (25-29) 219 1-7 220 18-33 (-34) 221 16-18 (18-20) 222 21-29 (22-31) 223 29-30 (30-31) 227 20-27 (21-29) 228 10-14 333 7-13 (9-15) 356 30-34 363 4-19 (3-); 28-31 364 1-3 (-4) 365 39-41 (40-) 366 1-11 (-12)
Vgl. Erschlossenheit, Wahrheit, In-der-Welt-sein
cf. Verdecken, Verstellen, Verborgenheit

Entdecktheit – § 44 a, b
„Die Entdecktheit des innerweltlich Seienden gründet in der Erschlossenheit der Welt." „Das Dasein ist in seiner Vertrautheit mit der Bedeutsamkeit die ontologische Bedingung der Möglichkeit der Entdeckbarkeit von Seiendem." „Erst wenn innerweltlich Seiendes überhaupt begegnen kann, besteht die Möglichkeit, im Felde dieses Seienden das nur noch Vorhandene zugänglich zu machen."
218 24-26 (25-27) 220 23-31 (24-32) 221 16-18 (18-20) 222 2-29 (-31) 223 8-10 (9-11) 226 28-35 (32-38) 227 3-9 (4-10) 297 17-25 (19-27)

Vgl. Erschlossenheit
WdGr 13

Ent-fernen – § 23
„Die Räumlichkeit des Daseins zeigt die Charaktere der Ent-fernung und Ausrichtung. Der Ausdruck Ent-fernung ist in einer aktiven und transitiven Bedeutung gebraucht. Dasein ist wesenhaft ent-fernend, es läßt als das Seiende, das es ist, je Seiendes in die Nähe begegnen."
105 3-11; 21-25 (22-26) 106 34-36 (35-38) 107 20-23 (21-24); 35-41 (36-) 108 1-2 (-3)
110 10-12 369 1-14 (-15)
Vgl. Räumlichkeit, Ferne/Nähe

Entfremdung – § 38
„Im beruhigten, alles ‚verstehenden' Sichvergleichen mit allem treibt das Dasein einer Entfremdung zu, in der sich ihm das eigenste Seinkönnen verbirgt."
177 13-41 178 254 11-29 (12-) 347 32-41 348 1-9
Vgl. Verfallen, Verfängnis, Man, Uneigentlichkeit
Hum 27

Entgegenwärtigen
„Das zukünftig-wiederholende Verstehen einer ergriffenen Existenzmöglichkeit wird zur Entgegenwärtigung, d. i. zum leidenden Sichlösen von der verfallenden Öffentlichkeit des Heute."
391 33-40 (34-41) 392 1-2 397 2-12
Vgl. Zeitlichkeit, Augenblick
cf. entspringendes Gegenwärtigen

Enthüllen – siehe Erschlossenheit, Entdecken

Entrückung – siehe Ekstasen

Ent-schlossenheit – §§ 60, 62
„Die Entschlossenheit ist ein ausgezeichneter Modus der Erschlossenheit des Daseins." „Mit der Entschlossenheit ist die ursprünglichste, weil *eigentliche* Wahrheit des Daseins gewonnen." „Die Entschlossenheit ist die in der Sorge gesorgte und als Sorge mögliche Eigentlichkeit dieser selbst." „Aus dem Worumwillen des selbstgewählten Seinkönnens gibt sich das entschlossene Dasein frei für seine Welt." „Das Dasein wird ‚wesentlich' in der eigentlichen Existenz, die sich als vorlaufende Entschlossenheit konstituiert."
296 34-38 (35-39) 297 1-14 (-16); 31-36 (34-39) 298 1-14 (-15) 299 17-19 301 1-2 (2-4)
302 16-28 (-29) 304 4-12 (3-) 305 30-35 (32-38) 306 19-31 (20-) 307 23-26 (-27)
322 37-39 (38-41) 325 14-39 (16-41) 326 1-28 (-29) 328 22-25 (23-) 329 33-39 (34-41)

330 1   338 2-11   339 1-7   383 31-38 (32-39)   384 1-14   385 3-18 (-20)   386 36-38 (38-40)
Vgl. Erschlossenheit, Wahrheit, Offenheit, Lichtung, Vorlaufen, Eigentlichkeit, Schuldig-sein, Gewissen-haben-wollen
EiM 16   Holzw 55, 321   Gel 61   N I 50–52, 57, 59, 63–64, 264, 276

Entschlossenheit, vorlaufende – siehe Vorlaufende Entschlossenheit

Entschlossenheit und Sorge – siehe Sorge

Entwurf – §§ 31, 41, 60, 68 a
„Verstehen hat an ihm selbst die existenziale Struktur, die wir den Entwurf nennen. Es entwirft das Sein des Daseins auf sein Worumwillen ebenso ursprünglich wie auf die Bedeutsamkeit als die Weltlichkeit seiner jeweiligen Welt. Der Entwurfcharakter des Verstehens konstituiert das In-der-Welt-sein hinsichtlich der Erschlossenheit seines Da als Da eines Seinkönnens. Der Entwurf ist die existenziale Seinsverfassung des Spielraums des faktischen Seinkönnens." „Das Verstehen als Entwerfen ist die Seinsart des Daseins, in der es seine Möglichkeiten als Möglichkeiten *ist*." „Das Entwerfen hat nichts zu tun mit einem Sichverhalten zu einem ausgedachten Plan; die Möglichkeiten selbst werden nicht thematisch erfaßt; der Entwurf wirft sich in sie als Möglichkeiten."
145 10-31   146 23-24 (25-26)   147 26-35 (29-38)   148 1-9 (3-10)   151 17-22 (18-23)   174 28-30   181 8-19   221 24-36 (26-39)   222 1-2   223 3-6 (-7)   262 36-40 (39-41)   263 1-12 (-14)   277 24-27 (25-29)   284 10-40 (9-41)   285 1-34   315 10-14 (11-15)   324 22-37 (25-39)   325 1-3 (-4)   327 34-38 (-39)   336 11-27   383 4-16 (5-)   385 11-31 (-34)   406 15-21 (16-22)
Vgl. Verstehen, Erschlossenheit, Seinkönnen-Möglichkeit, Sorge, Existenz, Vorlaufen
Kant 210–212, 218   WdGr 39–50   Hum 17, 25   WiME 17   N I 263, 377, 391–392   N II 7–8, 10–11, 13–14, 19–21, 114, 137, 159, 165, 168, 203–204, 235, 239, 258, 264, 289–290, 302, 481–482, 484, 487   FD 50, 52, 71–72, 75, 77, 79, 86, 90, 94, 95   TK 45   WM 370, 373, 379, 381

Entwurf ist geworfener Entwurf – § 31
„Der Entwurf des eigensten Seinkönnens ist dem Faktum der Geworfenheit in das Da überantwortet." „Entwurf ist geworfener Entwurf."
144 11-12   145 15-19 (-20)   148 1-6 (3-8)   181 8-11 (-10)   276 8-18 (7-17)   285 6-12 (5-11)

Vgl. Sorge als Einheit von Existenzialität und Faktizität
Hum 25 Holzw 59, 62 N II 11, 20, 235, 481–482, 484

Entwurf und Auslegung – § 32

Entwurf und Entschlossenheit – § 60
296 34-38 (35-39) 297 1-2 (-3) 298 20-29 (21-31) 299 17-19 383 6-8 (7-9)

Entwurf und Seinsverständnis – siehe Seinsverständnis und Entwurf

Entwurf und Vorlaufen
262 34-40 (36-41) 263 1-3 (-5) 383 6-8 (7-9)

Uneigentlicher Entwurf
173 25-29 174 28-30 178 34-40 (35-41) 337 11-22 (10-21)
Vgl. Uneigentlichkeit, Man, Verfallen

Nichtigkeit des Entwurfs – § 58
284 10-40 (9-41) 285 1-34 287 1-12 (2-14)
vgl. Nichtigkeit

Entwurzelung – §§ 35–38
„Existenziell entwurzelt ist das Gerede in der Weise der ständigen Entwurzelung. Das im Gerede sich haltende Dasein hält sich in einer Schwebe und ist in dieser Weise doch immer bei der ‚Welt', mit den Anderen und zu ihm selbst", „so daß dem Dasein selbst die Unheimlichkeit der Schwebe, in der es einer wachsenden Bodenlosigkeit zutreiben kann, verborgen bleibt." „Nur Seiendes, dessen Erschlossenheit durch die befindlich-verstehende Rede konstituiert ist, hat die Seinsmöglichkeit solcher Entwurzelung."
169 14-40 (13-41) 170 1-21 172 4-41 173 1-29 (2-) 174 28-30 177 1-7 221 35-36 (38-39) 222 1-36 (-37)
Vgl. Verfallen, Man, Entfremdung, Alltäglichkeit

Erbe – siehe Überliefern

Erkennen, theoretisches – §§ 13, 21, 32, 33, 44 a, 69 b
61 5-38 (-40) 62 11-40 (13-41) (63 1-2) 65 26-29 (29-32) 138 13-24 (15-26) 153 1-22 (5-27) 202 25-33 (26-34) 217 11-39 (-40) 218 219 1-7 324 27-31 (30-34) 356 36-38 (37-40) 357 1-13 (-12) 358 5-25 (4-) 363 4-31 (3-) 364 1-3 (-4)
Vgl. Wissenschaft, Subjekt-Objekt-Beziehung, Aussage, Logik
cf. Umsicht, Seinsverständnis
Hum 6, 46 VA 55 SvGr 45–47, 54, 98 USpr 173 N I 176–178, 495–498, 506, 532–533, 550–553, 560–562, 569–570, 610–611 N II 148, 169, 422, 428, 466 FD 90–92, 99, 110, 129, 132, 147–148, 152, 175, 186–188 KT 21, 24, 26–30

Erkenntnistheorie (traditionelle) – §§ 13, 21, 43, 44 a
58 39-40 (40-41) 59 1-32 (-33) 60 2-41 (1-) 61 1-19 (-20) 155 35-40 (37-41) 156 1-27 (-28) 206 1-37 (-38) 207 3-11 (4-12) 208 13-27 (14-28)
Vgl. Subjekt-Objekt-Beziehung, Idealismus/Realismus
cf. In-der-Weltsein, Erschlossenheit
VA 74–76, 233–235 N I 496–497, 552–553 N II 428 FD 77, 90

Erlebnis
„Die Anderen begegnen aus der *Welt* her, in der das besorgend-umsichtige Dasein sich wesenhaft aufhält. Diese nächste und elementare weltliche Begegnisart von Dasein geht so weit, daß selbst das *eigene* Dasein *zunächst* ‚vorfindlich' wird für es selbst im *Wegsehen* von bzw. überhaupt noch nicht ‚Sehen' von ‚Erlebnissen'."
119 9-14 (-15) 136 24-28 (25-30) 291 16-17 (-18) 355 14-17 (13-) 373 22-41 374 1-19 388 11-19 (12-20) 390 1-29 (2-30)
Vgl. Subjektivität
VA 87 USpr 129–130, 139 N I 67, 95

Ermöglichen
„Dasein kann nur dann *eigentlich es selbst* sein, wenn es sich von ihm selbst her dazu *ermöglicht*."
263 29-30 (31-33) 264 30-34 (31-35) 266 19-23 (20-) 268 18-19 (19-20) 288 1-2 300 22-25 (24-27) 324 5-6 (8) 394 33-37 (34-38)
Vgl. Seinkönnen-Möglichkeit
Kant 206, 209–210

Erschlossenheit – §§ 28, 29, 31, 34, 40, 44, 68
„Das Dasein *ist* seine Erschlossenheit." „Der Ausdruck ‚Da' meint diese wesenhafte Erschlossenheit." „Das Sein, darum es diesem Seienden in seinem Sein geht, ist, sein ‚Da' zu sein." „Die beiden gleichursprünglichen Weisen, das Da zu sein, sind Befindlichkeit und Verstehen, die gleichursprünglich bestimmt sind durch die Rede."
75 10-19 (12-21) 86 7-12 (8-13) 87 4-34 (-37) 123 24-40 (25-41) 124 1-2 132 28-41 (29-40) 133 1-27 (-30) 134 22-38 (23-39) 135 4-8; 25-33 (27-34) 136 29-30 (30-32) 137 1-29 (-31) 139 19-29 (20-30) 143 12-18 145 10-18 146 23-28 (25-30) 147 26-35 (29-38) 148 1-6 (3-8) 161 28-33 162 3-6 (2-5) 167 2-16 170 23-29 (22-) 182 6-21 (-23) 188 4-19 (-21) 190 14-24 191 1-6 (-7) 203 2-7 (1-) 220 29-38 (30-39) 221 1-34 (-37) 222 16-20 (17-21) 223 7-11 (8-12) 226 11-35 (12-38) 227 32-39 (-41) 230 1-7 (3-9) 231 7-9 269 24-32 270 12-28 (13-29) 295 31-36 (33-38) 296 34-38 (35-39) 297 1-5 (-6); 13-29 (15-32) 325 4-8 (5-9) 350 17-37 (18-38) 351 1-6 365 18-29 (19-30) 366 1-11 (2-12)

Vgl. Lichtung, Wahrheit, Da, Sicht, Welt, Entschlossenheit, Verstehen, Entwurf, Befindlichkeit, Rede, Gewissen, Entdecken
cf. Verschlossenheit, Vergessenheit, Verborgenheit
WdGr 13   EiM 119–126

Erschlossenheit ist befindlich
„In der Gestimmtheit ist immer schon stimmungsmäßig das Dasein als das Seiende erschlossen, dem das Dasein in seinem Sein überantwortet wurde als dem Sein, das es existierend zu sein hat."
134 22-38 (23-39)   135 4-8; 25-33 (27-34)   136 29-30 (30-32)   137 1-29 (-31)   139 19-29 (20-30)   148 1-6 (3-8)   182 6-28 (-29)   184 32-38 (33-39)   185 1-19 (-20)   188 4-19 (-21)   190 14-24   191 1-6 (-7)   343 25-29 (24-28)

Erschlossenheit und Rede – siehe Rede

Erschlossenheit und Sorge – siehe Sorge und Erschlossenheit

Erschlossenheit und Wahrheit – siehe Wahrheit als Erschlossenheit

Erstreckung – §§ 72, 75, 79
„Das erstreckte Sicherstrecken ist das Sein des ‚Zwischen', zwischen Geburt und Tod." „Das erstreckte Sicherstrecken ist das *Geschehen* des Daseins."
374 20-41   375 1-8 (-9)   390 32-40 (33-41)   391 1-26 (-27)   409 13-20 (18-25); 39-40 (-)   410 1-3 (2-6); 26-29 (29-33)   423 24-36 (27-38)   424 1-2 (-4)
Vgl. Zeitlichkeit, Sorge, Ganzseinkönnen, Geschehen, Geschichtlichkeit, Zwischen
N I 226

Es gibt
7 1-3 (-2)   72 13-16 (15-18)   212 4-12   214 7-12 (8-13)   226 20-35 (22-38)   227 31-39 (32-41)   228 1-23 (-24)   230 1-10 (3-12)   316 20-24 (21-25)
Kant 202, 206   Holzw 46, 155–156, 158, 167, 186   Hum 22–24   WhD 51, 59, 85–86, 94, 97, 115–116, 149, 158   ZSF 33, 38   USpr 193–194, 258   N II 377

Es ruft – siehe Ruf des Gewissens

essentia – existentia
42 4-22
Vgl. ‚Wesen', Existenz
Kant 200–202, 205   Plat 35   Hum 15, 17–18   Holzw 219–220, 233   VA 74, 76–77   WhD 162   ZSF 37   USpr 201   N I 425, 460, 463–464, 468   N II 14–17, 38, 345, 348–350, 352, 381–382, 399–403, 405–411, 413, 415–416, 444–445, 458–459, 476, 479–480, 488–489   FD 165

Ethnologie
21 26-34 (-35) 50 25-30 (26-32) 51
Vgl. Wissenschaft

Evidenz
59 14-24 (15-25) 115 18-37 (17-36) 136 5-8 (6-9) 218 A 265 1-22 288 35-40
312 2-11
Vgl. Wahrheit als Gewißheit, Mathematik, mathem. Naturwissenschaften, Rechnen, rechnendes Denken
Kant 41 Holzw 144 VA 252 SvGr 30 FD 80

Ewigkeit
„Man findet eine ‚Kluft' zwischen dem ‚zeitlich' Seienden und dem ‚überzeitlichen' Ewigen und versucht sich an deren Überbrückung." „Aber auch das ‚Unzeitliche' und ‚Überzeitliche' ist hinsichtlich seines Seins zeitlich, ... nicht als ‚in der Zeit' Seiendes, sondern in einem *positiven*, noch zu klärenden Sinne."
18 8-39 (-41) 19 1 (1-2) 227 10-15 (11-16) 229 36-40 (39-41) (230 -2) 338 A
423 13-23 (16-26) 427 29-36 (33-39)
Vgl. Zeitlichkeit
WdW 13 Höld 57 Holzw 295 EiM 12 VA 109, 118 WhD 41–44, 77 N I 28, 173, 335, 465–467, 543 N II 11, 335 WM 338, 339

existentia nicht gleich Existenz
42 4-22
Hum 15–16

Existenz im herkömmlichen Sinne – siehe: existentia (essentia – existentia)

EXISTENZ – §§ 9, 12, 18, 28, 40–41, 44 b, c, 50, 53, 60, 62, 63, 65 bis 69, 74–75, 83
„Das Sein selbst, zu dem das Dasein sich so oder so verhalten kann und immer irgendwie verhält, nennen wir *Existenz*." „Die formale Anzeige der Existenzidee ist geleitet von dem im Dasein selbst liegenden Seinsverständnis." „Das Dasein *ist* als verstehendes Seinkönnen, dem es in seinem Sein um dieses selbst geht." „Es bestimmt sich je aus einer Möglichkeit, die es *ist* und in seinem Sein irgendwie versteht." „Das Dasein wird ‚wesentlich' in der eigentlichen Existenz, die sich als vorlaufende Entschlossenheit konstituiert."
Vgl. Ekstasen, Zeitigung, Seinsverständnis, Sorge, vorlaufende Entschlossenheit, In-der-Welt-sein, Transzendenz, Existenzialität

(Existenz – Ek-sistenz:) Kant 205–207, 210–212, 215, 218 WdW 15 bis 27 Holzw 55, 311–312 WiME 14–15 Hum ganz, insbesondere 13–17, 19–21, 24–25, 29, 35, 43 VA 63 ZSF 27 N II 475–477

Existenz als ‚Wesen' des Daseins
42 16-22 231 11-15 318 1-4 (3-6) 323 29-30 (34-36)
Vgl. Wesen

Existenz als Seinsverhältnis
12 19-30 (20-32) 13 24-33 (-34) 44 7-13 (8-14) 52 38 (39) 53 1-10 (-11) 123 13-17 (14-18) 133 11-14 (13-17) 179 11-31 (-32) 193 16-29 (-30) 212 4-5 231 11-15 284 25-30 (24-29) 306 5-31 (7-) 313 6-31 315 10-14 (11-15) 316 12-15 (14-16) 325 4-25 (5-27) 327 34-38 (-39) 329 18-38 (-40) 330 12-19 339 1-18 (-19)

Existenz als Seinsweise
42 30-38 (31-39) 43 21-26 (22-27) 143 23-28 175 22-28 (23-29) 176 27-41 181 4-19 (3-) 193 16-29 (-30) 267 20-36 (21-37) 277 8-36 (-37) 295 17-36 (19-38) 309 7-38 (-39) 310 4-14 (5-15) 311 1-36 (2-38) 312 3-9 313 6-41 323 29-34 (34-40) 328 26-38 329 2-7 (1-6); 18-38 (-40) 332 16-31 (17-33)

Existenz und Möglichkeit – siehe Seinkönnen, Möglichkeit

Existenziale Analytik – siehe Analytik, existenziale

Existenzialität

„Die Frage nach der ontologischen Struktur der Existenz zielt auf die Auseinanderlegung dessen, was Existenz konstituiert. Den Zusammenhang dieser Strukturen nennen wir die *Existenzialität.*" „Existenzialität ist die Seinsverfassung des Seienden, das existiert. In der Idee einer solchen Seinsverfassung liegt aber schon die Idee von Sein. Und so hängt auch die Möglichkeit einer Durchführung der Analytik des Daseins an der vorgängigen Ausarbeitung der Frage nach dem Sinn von Sein." „Die existenzial-zeitliche Analytik des Daseins verlangt ihrerseits eine erneute Wiederholung im Rahmen der grundsätzlichen Diskussion des Seinsbegriffes." „Wenn die Interpretation des Sinnes von Sein Aufgabe wird, ist das Dasein nicht nur das primär zu befragende Seiende, es ist überdies das Seiende, das sich je schon in seinem Sein zu *dem* verhält, wonach in dieser Frage gefragt wird. Die Seinsfrage ist dann aber nichts anderes als die Radikalisierung einer zum Dasein selbst gehörigen wesenhaften Seinstendenz."
12 33-39 (35-41) 13 1-10 14 25-36 (26-) 15 1-5 (-7) 44 7-26 (8-27) 132 28-41 (29-40) 133 1-17 (-20) 143 23-31 (-32) 145 10-19 (-20) 162 24-29 (-30) 175 22-28 (23-29) 179 22-31 (-32) 181 4-19 (3-) 182 6-19 (-20) 191 21-38 (23-40) 192 193 16-25

199 22-34 (23-35) 200 1-29 (-30) 220 18-38 (-39) 221 222 1-20 (-21) 223 3-11 (-12) 226 20-31 (22-33) 227 31-39 (32-41) 228 1 234 31-33 (32-35) 280 5-15 (4-14) 283 25-40 (23-38) 302 29-35 (30-37) 303 304 1-12; 26-33 (-34) 311 1-36 (2-38) 323 13-20 (15-24) 325 4-39 (5-41) 326 1-25 (-26) 327 34-38 (-39) 328 39-40 (-41) 329 1-7 (-6) 330 12-23 (-24) 338 2-11 339 1-34 (-36) 350 351 1-12 365 4-41 (3-) 366 1-34 368 4-7 369 6-11 (7-12) 390 32-40 (33-41) 391 1-26 (-27) 435 37-39 (-) 436 1-25 (4-31)

Vgl. Existenzialien

cf. Realität, Zuhandenheit, Vorhandenheit, Substanzialität

Existenzialien

„Weil die Seinscharaktere des Daseins sich aus der Existenzialität bestimmen, nennen wir sie *Existenzialien*. Sie sind scharf zu trennen von den Seinsbestimmungen des nicht daseinsmäßigen Seienden, die wir *Kategorien* nennen.“ „Existenzialien und Kategorien sind die beiden Grundmöglichkeiten von Seinscharakteren.“

44 21-26 (22-27) 45 3-9 (4-10) 54 16-34 (-35) 57 11-19; 25-37 (26-38) 64 10-24 (13-27) 87 4-34 (-37) 88 3-12 (-13) 106 34-36 (35-38) 110 10-16 111 14-39 (13-) 118 30-41 119 4-14 (5-15) 120 21-35 (22-36) 121 12-26 (13-27) 123 18-38 (19-39) 125 24-27 (25-28) 129 9-15 (-16) 130 18-21 (20-23) 134 8-12 (9-13); 23-34 (24-35) 137 1-9 (-10); 28-29 (30-31) 139 19-27 (20-28) 142 36-39 (-40) 143 1-3 (-2); 23-34 (-35) 144 5-39 (-41) 145 10-19 (-20) 146 23-28 (25-30) 147 26-38 (29-39) 148 1-12 (3-14) 151 29-36 (30-) 152 9-15 (12-18) 160 27-39 (28-41) 161 13-32 162 23-27 163 23-26 (22-) 196 14-15 199 22-34 (23-35) 200 1-13 226 20-21 (22-23) 304 26-35 332 30-31 (32-33)

Vgl. In-Sein, Sein-bei . . ., Weltlichkeit, In-der-Welt-sein, Ent-fernen, Ausrichten, Einräumen, Mitsein, Man, Verfallen, Erschlossenheit, Befindlichkeit, Rede, Verstehen, Entwurf, Möglichkeit, Wahrheit, Sinn, Sorge, Sein zum Tode, Vorlaufen, Entschlossenheit, Geschichtlichkeit.

Existenzialität und Faktizität – siehe Faktizität und Existenzialität

Existenzialität und Sorge – siehe Sorge

existenziell – existenzial

„Die Frage der Existenz ist immer nur durch das Existieren selbst ins Reine zu bringen. Das *hierbei* führende Verständnis seiner selbst nennen wir das *existenzielle*. Den Zusammenhang der Strukturen, die Existenz konstituieren, nennen wir die *Existenzialität*. Deren Analytik hat den Charakter nicht eines existenziellen, sondern *existenzialen* Verstehens.“ „Die *existenziale* Analytik ihrerseits aber ist letztlich *existenziell* verwurzelt.“ „Es bedeutet die Forderung, die existenzialen Phänomene auf die in ihnen vorgezeichneten existen-

ziellen Möglichkeiten zu entwerfen und diese existenzial ‚zu Ende zu denken'."
12 28-39 (30-41) 13 34-39 (35-40) 184 32-38 (33-39) 185 1-8 (-9) 237 10-18 295 1-14 (3-16) 302 29-35 (30-37) 303 1-6 (-5) 310 21-31 (23-33) 312 22-40 (-41) 313 1-2 (1) 316 24-27 (25-28)
Vgl. ontisch-ontologisch
N II 478–479

Faktizität – §§ 38–41
„Die Tatsächlichkeit des Faktums Dasein, als welches jeweilig jedes Dasein ist, nennen wir seine *Faktizität*. Der Begriff der Faktizität schließt in sich: das In-der-Welt-sein eines Seienden, so zwar, daß sich dieses Seiende verstehen kann als in seinem ‚Geschick' verhaftet mit dem Sein des Seienden, das ihm innerhalb seiner eigenen Welt begegnet." „Zur Faktizität des Daseins gehört, daß das Dasein, *solange* es ist, wie es ist, im Wurf bleibt. Dasein existiert faktisch."
56 1-11 145 17-18; 32-36 179 1-10 181 4-11 (3-10) 191 21-28 (23-30) 192 8-24 (9-25) 221 19-23 (21-25) 222 13-14 (14-15) 231 15-18 (-19) 249 10-15 (11-16) 250 1-8 (-7) 276 8-26 (7-) 284 10-40 (9-41) 285 1-20 (-19) 328 1-16; 26-30 348 17-38 364 27-35 (28-36) 374 30-36 (-37)
Vgl. Geworfenheit, Gewesenheit, Befindlichkeit, Geschichtlichkeit
WdGr 46–54

Faktizität und Existenzialität
181 4-11 (3-10) 191 21-28 (23-30) 192 10-24 (11-25) 221 19-23 (21-25) 222 13-14 (14-15) 231 15-18 (-19) 249 10-15 (11-16) 250 1-8 (-7) 276 8-26 (7-) 284 10-40 (9-41) 285 1-20 (-19) 328 1-16; 26-30 364 27-35 (28-36)
Vgl. Geworfener Entwurf

Faktizität und Sorge – siehe Sorge

Faktizität und Zeitlichkeit
328 1-16; 26-30 348 17-38 350 1-12 (-13)

Fallen – siehe Verfallen

FERNE/NÄHE

„Gerufen wird (im Gewissensruf) aus der Ferne in die Ferne. Vom Ruf getroffen wird, wer zurückgeholt sein will." „Das Seiende, das wir selbst je sind, ist ontologisch das Fernste."
15 20-36 (22-38) 16 6-7 105 10-11; 24-25 (25-26) 107 20-23 (21-24) 271 23-34 311 10-36 (11-38) 312 3-9
Vgl. Un-Zuhause

WdGr 54 Holzw 50, 61, 196, 245–246, 300, 343 Höld 23–30, 53, 91, 124, 138–140 Hum 9, 21–22, 25–26, 29, 31, 37, 39 VA 163 bis 164, 176–181, 183–184, 280 WhD 144, 154–155 SvGr 16, 94, 144 USpr 21, 99, 146, 173, 186–191, 195–196, 199–203, 208 bis 216, 235–236, 259, 265 Gel 23, 44–45, 67–73 ID 30, 61, 65, 71 WM 312, 334

Flucht (Abkehr, Ausweichen) – §§ 29, 35–38, 40, 51–52, 68 c
„Das Aufgehen im Man und bei der besorgten ‚Welt' offenbart eine *Flucht* des Daseins vor ihm selbst als eigentlichem Selbst-sein-können."
184 18-38 (-39) 185 1-8 (-9); 27-40 (28-41) 186 1-11 (-12) 189 7-35 251 31-39 252 1-5 (-6) 254 25-37
Vgl. Verfallen, Uneigentlichkeit, Vergessen
cf. Entschlossenheit
Holzw 146, 164, 272, 308 Gel 13–15, 27 ZSF 13 N II 395 WM 334

Forschung – siehe Wissenschaft

FRAGE NACH DEM SEIN (Sinn von Sein) – §§ 1–5, 8, 44, 45, 83
„Sind wir denn heute auch nur in der Verlegenheit, den Ausdruck ‚Sein' nicht zu verstehen? Keineswegs. Und so gilt es denn vordem, allererst wieder ein Verständnis für den Sinn dieser Frage zu wecken. Die konkrete Ausarbeitung der Frage nach dem Sinn von ‚Sein' ist die Absicht der folgenden Abhandlung." „Führt ein Weg von der ursprünglichen *Zeit* zum Sinn des *Seins*? Offenbart sich die *Zeit* selbst als Horizont des *Seins*?"
Vgl. Sein, Sinn von Sein, Seinsverständnis, Bezug, Fundamentalfrage.
(Seinsfrage, Besinnung, Andenken, Denken:) Kant 184, 200–204, 207, 209, 211–212, 214–216, 218, 222 WiM ganz EiM 14, 15, 18–27, 30, 32, 63–65, 69–70, 152–155 Höld 29–30, 80, 82, 91–92, 94–95, 113, 116–117, 119–120, 122–124, 134–135, 141–142 Holzw 243–247, 322–325, 336–343 Plat 51–52 Hum 5–7, 14, 21–30, 34, 36–39, 41–47 VA 47, 68–70, 79, 84, 239–256, 258–259, 279–280 WhD ganz, insbesondere ab Seite 79 SvGr 90–93, 97, 106–113, 130, 146–147, 155, 158–159, 204–210 ZSF ganz, insbesondere 26, 29 USpr 51, 53, 57, 100, 103–104, 112–113, 121–125, 173–180, 184 bis 196, 202, 205–206, 216, 221, 228, 237–238, 267 Gel 12–19, 22 bis 24, 27–28, 31, 33, 36–38, 43, 45–46, 49–56, 59–72 Phil 15, 24, 31–33, 37, 40, 42–45 N I 15, 19, 26–27, 33, 49, 80–81, 88, 166, 198, 253, 450–451, 457–460, 470, 633, 656–657 N II 17, 20–21, 23, 27

bis 29, 45, 47, 54, 194–195, 206–210, 260, 293, 335–341, 345 bis 356, 359–371, 373–379, 382–388, 391–398, 411, 458–459, 461–462, 469, 475–477, 481–486, 490 TK 38–40, 46 KT 5–16, 32–36 WM 373, 383

Ausarbeitung der Frage – §§ 2–5

Dasein als Fragendes und Befragtes – §§ 2, 4
6 30-37 7 3-27 (2-26) 8 18-28 (20-30) 12 3-18 (-19) 13 3-33 (-34) 14 25-36 (26-)
15 1-5 (-7) 16 26-31

Frage vom Gefragten bestimmt – § 2
7 20-22 (19-21) 8 16-22 (17-23) 12 3-18 (-19)
Vgl. Bezug

Geschichtlichkeit der Frage – § 6
„Das Fragen nach dem Sein ist selbst durch die Geschichtlichkeit charakterisiert."
20 33-41 21 1-7; 18-41 22 1-31 39 20-27 (21-28)
Vgl. Geschichte des Seins

Notwendigkeit der Frage – §§ 1–4
1 2 31-33 (32-) 3 1-8 (-9) 4 7-14 (8-); 19-36 5 28-40 (29-41) 6 1-15 8 29-38 (31-40)
9 1-6 11 6-29 (5-) 13 5-10 14 25-34 (26-36) 26 29-38 (28-) 27 1 (-) 36 18-38
392 4-8 437 13-26 (19-33)

Vergessenheit der Frage – § 6
1 2 7-18 (-19) 21 23-38 (-39) 22 13-18 (14-19) 24 2-5 (-4); 25-32 (26-33); 40 (-) 25 1-5
35 20-40 (-41) 36 1-38 94 8-13 (9-14); 32-36 (34-37) 99 39-41 (-) 100 1-3 (-6)
437 19-26 (25-33)

Versäumnis der Frage – § 6
2 19-30 (20-31) 22 13-18 (14-19) 24 2-6 (-5); 16-32 (-33); 40 (-) 25 1-5 93 23-35 (-36)
94 30-37 (31-38)
Holzw 244 Hum 18 WhD 3–5, 98 N I 13, 175, 455–457
N II 20, 23, 27, 205, 207–209, 260, 335–336, 346–356, 359–363, 366–371, 373–379, 382–388, 391–396, 402, 411, 458–459, 462, 469
KT 5–6, 17, 36

Frag-würdig – siehe Rätsel

Freisein, Frei, **Freiheit** – §§ 40, 41, 53, 58
„Das Dasein ist die Möglichkeit des Freiseins *für* das eigenste Seinkönnen." „Im Sich-vorweg-sein als Sein zum eigensten Seinkönnen liegt die existenzial-ontologische Bedingung der Möglichkeit des

Freiseins für eigentliche existenzielle Möglichkeiten." „Das Vorlaufen bringt das Dasein vor die Möglichkeit, es selbst zu sein in der *Freiheit zum Tode.*"
122 18-21 (20-23) 144 11-14 188 4-9 191 29-38 (31-40) 192 1-4 (-5) 193 16-25 262 34-35 (36-38) 264 3-23 (4-25) 266 13-18 (-19) 285 6-18 (5-17) 287 33-39 (35-41) 288 1-11 302 33-35 (34-37) 303 1-6 (-5) 312 32-40 (-41) 313 1-3 344 27-35 (28-37) 366 1-11 (2-12) 384 1-28 (-30) 385 3-18 (-20)
Vgl. Möglichkeit-Seinkönnen, Entwurf, Sich-vorweg (Sorge), Entschlossenheit, Vorlaufen
Kant 142–143, 145 WdGr 43–54 WdW 12–27 Hum 30 VA 32–33, 258 Plat 27–31 WhD 22, 153 SvGr 47, 126, 157–158, 171 ZSF 35, 42 USpr 110, 137, 197, 236, 257–258, 262 ID 33, 61, 71 Phil 15 N I 611, 614–615 N II 142–143, 147–148, 319 bis 321, 397–398, 482, 485 FD 31, 75

Freigabe – § 18
„Das ontologisch verstandene Bewenden-lassen ist vorgängige Freigabe des Seienden auf seine innerumweltliche Zuhandenheit."
83 9-23 (11-25) 84 7-11 (8-12); 38-40 (39-41) 85 86 1-27 (-29) 110 18-31 111 3-22 (2-21) 118 17-24 (15-23) 122 30-34 (33-36) 123 6-17 (7-18) 144 32-39 (33-41) 297 17-25 (19-27)
Vgl. Bewenden-lassen, Lassen, Erschlossenheit, Bedeutsamkeit
cf. Verstellen, Verdecken
WdW 14–17 WhD 22, 48, 97 USpr 200, 214 N I 129 N II 390 WM 269

Freude
310 10-20 (12-22) 345 6-8
Vgl. Befindlichkeit, Heiterkeit, das Heitere
WiM 28, 34 WdGr 43 Höld 15–21, 23–29 WhD 12 Heb 13 USpr 169, 234–235

Frömmigkeit, fromm
VA 42, 44 USpr 70–71, 175–176

Fürsorge – § 26
„Das Seiende, zu dem sich das Dasein als Mitsein verhält, ist selbst Dasein. Dieses steht in der *Fürsorge.*" „Die vorausspringende Fürsorge, die wesentlich die eigentliche Sorge – d. h. die Existenz des Anderen betrifft, verhilft dem Anderen dazu, *in* seiner Sorge sich durchsichtig und *für* sie *frei* zu werden."
121 12-26 (13-27) 122 3-25 (4-27) 263 26-38 (28-39) 264 16-23 (17-25) 297 33-36 (35-39) 298 1-15 (-16)
Vgl. Sorge, Mitsein

FUNDAMENTALFRAGE
„Mit der leitenden Frage nach dem Sinn des Seins steht die Untersuchung bei der Fundamentalfrage der Philosophie überhaupt.“ „Es gilt einen *Weg* zur Aufhellung der Fundamentalfrage zu suchen und zu *gehen.* Ob er der *einzige* oder überhaupt der *rechte* ist, das kann erst *nach dem Gang* entschieden werden. Der *Streit* bezüglich der Interpretation des Seins kann nicht geschlichtet werden, *weil er noch nicht einmal entfacht ist.*“ (Fundamentalfrage somit nicht gleich Fundamentalontologie; vgl. dazu die eingeklammerte Anmerkung unter Fundamentalontologie und WiME 19–20)
5 **2-4** 8 **30-38 (32-40)** 9 **1-6** 11 **6-10 (5-9)** 13 **5-10** 16 **26-29** 17 **6-8; 16-20; 24-28**
18 **28-36 (29-39)** 19 **7-21 (8-23)** 20 **38-41** 21 **1-4** 22 **24-31** 26 **29-38 (28-)** 27 **1 (-);**
23-24 (22-23) 93 **29-35 (30-36)** 160 **10-13 (11-)** 436 **21-23 (27-30)** 437 **12-26 (19-33)**
Vgl. Frage nach dem Sein, Sein, Sinn von Sein

Fundamentalontologie – §§ 4, 5, 7 C, 9, 10
„Die Ontologien, die Seiendes von nicht daseinsmäßigem Seinscharakter zum Thema haben, sind demnach in der ontischen Struktur des Daseins selbst fundiert und motiviert, die die Bestimmtheit eines vorontologischen Seinsverständnisses in sich begreift. Daher muß die *Fundamentalontologie,* aus der alle anderen erst entspringen können, in der existenzialen *Analytik des Daseins* gesucht werden.“ „Die Herausstellung der Seinsverfassung des Daseins bleibt aber gleichwohl nur *ein Weg.* Das *Ziel* ist die Ausarbeitung der Seinsfrage überhaupt.“ „Eine ursprüngliche Zeitigungsweise der ekstatischen Zeitlichkeit selbst muß den ekstatischen Entwurf von Sein überhaupt ermöglichen. Führt ein Weg von der ursprünglichen *Zeit* zum Sinn des *Seins*? Offenbart sich die *Zeit* selbst als Horizont des Seins?“ (Jede Frage nach dem Sein des Seienden ist ontologisch; da die existenziale Analytik des Daseins die mögliche Ausarbeitung der Frage nach dem Sein als Sein methodisch fundiert und selbst noch eine ausgezeichnete Art von Ontologie – nämlich die des Daseins – ist, kann sie ‚Fundamentalontologie‘ genannt werden, auch darum ‚Fundamentalontologie‘, weil sie das Fundament aller regionalen Ontologien ausmacht. Die Erörterung der Seinsfrage als solcher kann jedoch keine Ontologie mehr sein. Insofern aber die Ausarbeitung der Seinsfrage in der Rückwendung ihrerseits die Möglichkeit einer existenzialen Analytik – einer Ontologie des Daseins – wiederum fundiert, wird sie selber in ‚Sein und Zeit‘ mißverständlicher und unangemessener Weise auch noch ‚Fundamentalontologie‘ genannt. Die existenziale Analytik ist daher Fundamentalontologie im Hin-

blick auf die regionalen Ontologien, *nicht* aber im Hinblick auf die Seinsfrage, d. i. die Fundamentalfrage)
7 18-27 (-26) 11 4-29 (3-) 12 3-18 (-19) 13 3-33 (-34) 14 25-36 (26-) 15 1-5 (-7) 37 21-39 (20-) 38 1-3 (-2); 18-24 (-25) 39 20-24 (21-26) 183 10-24 200 9-18 230 1-33 (3-37) 231 20-29 (19-28) 233 30-34 (31-35) 301 6-9 (8-11); 20-24 (23-27) 313 27-41 314 5-20 (-21) 315 7-40 (8-41) 316 1-24 (-25) 333 22-37 (25-41) 366 32-41 403 18-39 436 21-37 (27-38) 437 (438 1-8)
Vgl. Frage nach dem Sinn von Sein, Fundamentalfrage, existenziale Analytik, Abgrenzung gegen die Anthropologie
cf. bisherige Ontologie des Menschen
Kant 13–14, 184, 207–211, 214–221 EiM 133 WiME 19–20
Hum 41 N II 209

Furcht – §§ 30, 68 b
„Die Bedrohung, die in der Furcht entdeckt wird, kommt immer von innerweltlichem Seienden her." „Furcht ist eine uneigentliche Befindlichkeit." „Die Zeitlichkeit der Furcht ist ein gewärtigend-gegenwärtigendes Vergessen."
185 20-40 (21-41) 186 1-8 (-9) 189 36-39 254 7-24 341 33-38 (34-39) 342 21-25 (22-26)
Vgl. Befindlichkeit, Angst

Ganzseinkönnen – §§ 62, 65, 75
„Nur sofern das Dasein als Zeitlichkeit bestimmt ist, ermöglicht es ihm selbst das eigentliche Ganzseinkönnen der vorlaufenden Entschlossenheit." „Wenn das Vorlaufen aber das eigentliche Ganzseinkönnen des Daseins ausmacht, dann ist in der existenzial bezeugten Entschlossenheit ein eigentliches Ganzseinkönnen mitbezeugt."
Vgl. Sorge, eigentliche Zeitlichkeit, vorlaufende Entschlossenheit, Erstreckung

Geburt
„Das faktische Dasein existiert gebürtig, und gebürtig stirbt es auch schon im Sinne des Seins zum Tode." „Existenzial verstanden ist die Geburt nicht und nie ein Vergangenes."
374 20-36 (-37) 390 38-40 (39-41) 391 1-8 (-9)
Vgl. Erstreckung, Sorge, Zeitlichkeit, Geschichtlichkeit

GEGEND – §§ 22–24, 70
„Das Dasein entdeckt vorgängig die Gegenden, bei denen es je ein entscheidendes Bewenden hat. Kirchen und Gräber z. B. sind nach Aufgang und Niedergang der Sonne angelegt, die Gegenden von

Leben und Tod, aus denen her das Dasein hinsichtlich seiner eigensten Seinsmöglichkeiten in der Welt bestimmt ist.“
104 2-10   186 32-34 (33-35)
Vgl. Ort, Ferne/Nähe, Spielraum, Lichtung, Offenheit, Weg
(Gegend, Gegnet, Geviert:) Holzw 319–320, 322, 328, 332, 341   VA 149–155, 159–161, 171–172, 176–179   Gel 40–44, 46–47, 49–70   ZSF 31   SvGr 28–30, 39, 61, 66, 74, 94, 111–112, 157   USpr 22–24, 28–29, 173, 179, 181, 195, 197–199, 207–208, 211–216, 255   N I 476   TK 43, 46–47

Gegenstand – siehe Objekt

Gegenwart – §§ 65, 69
„Das entschlossene Sein bei dem Zuhandenen der Situation, d. h. das handelnde Begegnenlassen des umsichtig *Anwesenden* ist nur möglich in einem *Gegenwärtigen* dieses Seienden. *Nur als Gegenwart* im Sinne des Gegenwärtigens kann die Entschlossenheit sein, was sie ist: das unverstellte Begegnenlassen dessen, was sie handelnd ergreift.“ „Die ursprüngliche und eigentliche Zeitlichkeit zeitigt sich aus der eigentlichen Zukunft, so zwar, daß sie zukünftig gewesen allererst die Gegenwart weckt.“ „Das horizontale Schema der *Gegenwart* wird bestimmt durch das *Um-zu.*“
326 9-25 (10-26)   328 17-25; 39-40 (-41)   329 26-28   337 32-40 (-41)   338 1-28 (-29)   344 1-17   346 27-31   365 14-38 (15-39)   366 14-19 (15-20)   408 21-29 (24-33)
Vgl. Zeitlichkeit, Ekstasen, horizontales Schema, Zukunft, Gewesenheit, Augenblick, Gegenwärtigen, entspringendes Gegenwärtigen
Kant 164–168, 178   VA 142–143   N I 465   N II 15, 405, 409   FD 178   KT 36   WM 256

Gegenwärtigen – §§ 68 c, 69 a, b
„Das *Gegenwärtigen*, in dem das *Verfallen* an das besorgte Zuhandene und Vorhandene *primär* gründet, bleibt im Modus der ursprünglichen Zeitlichkeit *eingeschlossen* in Zukunft und Gewesenheit. Entschlossen hat sich das Dasein gerade zurückgeholt aus dem Verfallen, um desto eigentlicher ‚im Augen*blick*‘ auf die erschlossene Situation ‚da‘ zu sein.“
326 11-16 (12-17)   328 17-25   337 32-40 (-41)   338 18-28 (19-29)   339 15-34 (16-36)   342 7-25 (-26)   349 5-11   350 3-16 (-17)   353 16-31 (-34); 36-37 (-)   354 1-8 (-9); 16-20 (17-21)   355 3-20 (2-)   359 17-33   360 5-16   363 15-19 (14-)   369 2-11 (3-12)   406 26-39 (27-40)   407 1-5   409 27-35 (31-39)
Vgl. Zeitigung, Gegenwart, Augenblick, entspringendes Gegenwärtigen, Sein bei . . ., Zeitlichkeit des Besorgens

Entspringendes Gegenwärtigen – § 68 c
„Das dem Gewärtigen einer bestimmten ergriffenen Möglichkeit ständig ‚entspringende' Gegenwärtigen ermöglicht ontologisch das *Unverweilen.*" „Die Gegenwart ‚entspringt' dem zugehörigen Gewärtigen in dem betonten Sinne des Entlaufens." „Im ‚Entspringen' der Gegenwart liegt zugleich ein wachsendes Vergessen."
328 **17-22 (-23)** 338 **18-28 (19-29)** 339 **27-32 (29-33)** 342 **7-25 (-26)** 346 **31-36 (-37)** 347 348 **1-25; 33-40 (-41)** 349 **1-3** 350 **3-8** 369 **12-22 (13-23); 34-40 (36-41)** 410 **11-22 (14-26)**
Vgl. Zeitlichkeit des Verfallens, Zeit als Jetztfolge, Vergessen, Verfängnis, Neugier, Gerede
cf. Augenblick

Gehaltenheit – siehe Augenblick

Geheimnis – siehe Rätsel

Geist
„In der Frage nach dem Sein des Menschen aber kann dieses nicht aus den überdies erst wieder noch zu bestimmenden Seinsarten von Leib, Seele, Geist summativ errechnet werden."
46 **11-25** 48 **15-25** 49 **20-32 (21-33)** 56 **18-32** 89 **30-35 (-36)** 117 **14-21 (12-20)** 368 **15-20** 435 **15-25 (20-30)** 436 **4-7 (10-13)**
Höld 86–87 Plat 51 Hum 13–14 Heb 7, 29 EiM 7, 29, 34 bis 38, 65 WiME 7 Gel 17–18 USpr 58–62, 65–66, 72 N I 581 N II 200, 238, 299, 302, 321, 451–452 WM 311, 313, 381

Gerede – §§ 35, 37, 38, 51, 52
„Der Ausdruck ‚Gerede' soll hier nicht in einer ‚herabziehenden' Bedeutung gebraucht werden. Er bedeutet terminologisch ein positives Phänomen, das die Seinsart des Verstehens und Auslegens des alltäglichen Daseins konstituiert." „Das Gerede ist sonach von Hause aus, gemäß der ihm eigenen *Unterlassung* des *Rückgangs* auf den Boden des Beredeten, ein Verschließen." „Es ist die Seinsart des entwurzelten Daseinsverständnisses."
167 **30-33 (29-32)** 169 **14-39 (13-)** 170 **4-17 (3-16)** 175 **15-28 (16-29)**
Vgl. Verfallen, Uneigentlichkeit, Neugier, Zweideutigkeit, Entwurzelung
cf. Rede, Schweigen, Hören

Geschehen – §§ 72, 74, 75
„Die spezifische Bewegtheit des *erstreckten Sicherstreckens* nennen wir das ‚Geschehen' des Daseins." „Die Freilegung der Geschehensstruktur bedeutet die Gewinnung eines *ontologischen* Verständnisses

der *Geschichtlichkeit.*“ „Das schicksalhafte Geschick des Daseins in und mit seiner ‚Generation‘ macht das volle, eigentliche Geschehen des Daseins aus.“
20 1-10   375 2-17 (3-18)   379 28-31 (-32)   382 20-33 (22-36)   384 1-14; 29-38 (30-39)   385 1-18 (-20)   386 10-40 (11-41)   387 1-4 (-5)   388 23-32 (24-34)   390 32-36 (33-37)
Vgl. Zeitigung, Sorge, Geschichtlichkeit, Geschick, Erstreckung, Selbständigkeit, vorlaufende Entschlossenheit
Kant 209, 212–215, 218   Hum 23   ZSF 33   N II 375, 378, 388, 485   FD 33–34, 36–37, 188   TK 38–39   WM 260

Geschehen als vorlaufende Entschlossenheit – § 74
382 22-27 (25-30)   384 7-14   386 10-35 (11-37)   390 32-38 (33-39)

Geschichtlichkeit – §§ 72–77
„Zeitlichkeit ist zugleich die Bedingung der Möglichkeit von Geschichtlichkeit als einer zeitlichen Seinsart des Daseins selbst. Die Bestimmung ‚Geschichtlichkeit‘ liegt vor dem, was man Geschichte nennt. Geschichtlichkeit meint die Seinsverfassung des ‚Geschehens‘ des Daseins als solchen, auf dessen Grunde erst so etwas möglich ist wie ‚Weltgeschichte‘.“ „Hat das Dasein die in ihm liegende Möglichkeit ergriffen, dem Sinn des Seins überhaupt nachzufragen, und hat sich in solchem Fragen der Blick für die wesentliche Geschichtlichkeit des Daseins geöffnet, dann ist die Einsicht unumgänglich: das Fragen nach dem Sein ist selbst durch die Geschichtlichkeit bestimmt.“
19 32-38 (34-40)   20   21 1-7   332 21-36 (22-38)   375 2-8 (3-9)   376 12-21; 34-37 (-39)   381 21-26 (23-28)   382 20-26 (22-29)   385 11-18 (-20)   386 10-38 (11-40)   387 20-25 (22-27)   388 23-32 (24-34)   390 32-40 (33-41)   391 1-8 (-9)   392 3-8   393 32-40   395 11-15 (-14)   396 31-41   397 1-12
Vgl. Zeitlichkeit, Sorge, Geschehen, Geschick, Wiederholen, Überliefern, vorlaufende Entschlossenheit, Historie
EiM 32–34, 69–70, 130   Höld 34–35, 37, 44, 84, 90, 94, 141   Plat 50   Hum 23–29, 45–46   Holzw 62–65, 196–197, 301, 310–311   VA 47–48, 63–64, 69   Gel 57–59   WhD 52, 71, 103   WdW 16 bis 17   Phil 12–18, 20, 28–29, 33–34   N I 36, 46, 78, 106, 168–170, 182–183, 194, 234–235, 257, 278, 448–451, 455–456, 461, 464–465, 469–470, 474, 476–478, 492, 494–495, 497, 506–507, 526, 553, 556, 560–561, 579   N II 12–13, 24–25, 29, 32–34, 41-42, 44, 46, 63, 86, 92, 96–98, 111, 115, 143–144, 147, 149–150, 163–165, 173–175, 180, 187, 192–194, 199, 202, 206, 209–210, 220, 222, 235–240, 254–258, 260–262, 276–277, 282, 291–293, 313–314, 318–321, 332–333, 337 bis 343, 350–352, 355, 360–363, 367–372, 374–379, 383–397, 399 bis

425, 428, 430, 434–435, 442–450, 458–490 FD 29–42, 46, 49–50, 74–75, 82, 101, 143–144, 189 TK 37–39 KT 5–9, 32, 35–36 WM 268, 311–312, 373

Geschichtlichkeit der Entschlossenheit – § 74
(eigentliche Geschichtlichkeit)
„Das eigentliche Sein zum Tode, d. h. die Endlichkeit der Zeitlichkeit, ist der verborgene Grund der Geschichtlichkeit des Daseins.“ „Geschichte hat ihr wesentliches Gewicht im eigentlichen Geschehen der Existenz, das aus der *Zukunft* des Daseins entspringt.“
382 **22-27 (25-30)** 383 **31-38 (32-39)** 384 **1-14** 385 **19-31 (21-34)** 386 **10-38 (11-40)** 390 **32-36 (33-37)** 391 **39-40 (40-41)** 392 **1-2** 396 **31-41** 397 **1-12**

Uneigentliche Geschichtlichkeit – § 75
„Aus dem Besorgten errechnet sich das uneigentlich existierende Dasein erst seine Geschichte.“ „Die Gelegenheiten, Umstände, deren das Besorgen im vorhinein ‚taktisch‘ gewärtig bleibt, ergeben das ‚Schicksal‘.“ „In der uneigentlichen Geschichtlichkeit ist die ursprüngliche Erstrecktheit des Schicksals verborgen.“ „Blind für Möglichkeiten vermag das Man nicht, Gewesenes zu wiederholen, sondern es behält nur und erhält das übriggebliebene ‚Wirkliche‘ des gewesenen Welt-Geschichtlichen, die Überbleibsel und die vorhandene Kunde darüber.“
376 **19-21** 387 **20-38 (22-40)** 388 **1-9 (-10)** 389 **26-40 (27-41)** 390 **1-11** 391 **25-39 (26-40)**
Vgl. Verfallen, Uneigentlichkeit, Alltäglichkeit, Geschichtlichkeit des In-der-Welt-seins, vulgäre Geschichtsauffassung

Geschichtlichkeit des In-der-Welt-seins – § 75
(Welt-Geschichte)
„Geschehen der Geschichte ist Geschehen des In-der-Welt-seins. Geschichtlichkeit des Daseins ist wesenhaft Geschichtlichkeit von Welt, die auf dem Grunde der ekstatisch-horizontalen Zeitlichkeit zu deren Zeitigung gehört.“ „Mit der Existenz des geschichtlichen In-der-Welt-seins ist Zuhandenes und Vorhandenes je schon in die Geschichte der Welt einbezogen.“ „Wir nennen dieses Seiende das Welt-Geschichtliche.“
380 381 **1-30 (-32)** 388 **23-36 (24-37)** 389 **1-34 (-35)**
WhD 156

GESCHICHTE DES SEINS – §§ 1, 2, 3, 6, 83
„Hat das Dasein die in ihm liegende Möglichkeit ergriffen, dem Sinn des Seins überhaupt nachzufragen, und hat sich in solchem Fragen

der Blick für die wesentliche Geschichtlichkeit des Daseins geöffnet, dann ist die Einsicht unumgänglich: Das Fragen nach dem Sein, das hinsichtlich seiner ontisch-ontologischen Notwendigkeit angezeigt wurde, ist selbst durch die Geschichtlichkeit bestimmt. Die Ausarbeitung der Seinsfrage muß so aus dem eigensten Seinssinn des Fragens selbst, als eines geschichtlichen, die Anweisung vernehmen, seiner eigenen Geschichte nachzufragen."
1 2 3 4 5 **26-40 (27-41)** 6 **1-15** 7 **38-41** 8 **1-22 (-23); 37-38 (39-40)** 9 **1-6** 11 **4-24 (3-)** 19 **25-29 (27-31)** 20 **33-41** 21 22 **1-31** 23 **11-35** 24 **2-40 (-41)** 25 26 **1-33 (-32)** 436 **36-37 (-)** 437 **1-41 (5-)** (438 **1-8**)
Vgl. Frage nach dem Sinn von Sein, Fundamentalfrage, Seinsverständnis, Seinsvergessenheit, bisherige Ontologie, Geschick
Höld 73–74, 83–84, 88, 90, 101–102 Plat 25, 33, 35, 40–44, 48–50 Hum 5, 23, 25–28, 30, 46–47 Holzw 161–163, 252, 254, 336 VA 47–48, 57, 71–72, 77–82 Gel 57–58 ZSF 33–35 WhD 52, 71, 103, 126–129, 136, 140, 145, 165–167 ID 33, 40, 45, 64–68 SvGr 109–114, 119–122, 130, 143–157, 164–165, 169, 174–177, 184, 196 bis 197 USpr 80, 123–124, 128, 185 N I 35, 45, 450–451, 474 bis 476, 492, 538 N II 8–9, 12–13, 20, 24–25, 28–29, 37, 41, 44–45, 76, 91–92, 96–98, 192, 202, 209–210, 220, 222, 235–240, 254–258, 260–262, 304, 332–333, 337–343, 350–352, 355, 360–363, 367–379, 383–397, 399–403, 409–417, 419–425, 428–431, 435, 442–452, 458 bis 490 FD 33–34, 82

Geschichtsauffassung, vulgäre – §§ 73, 75
Vgl. Uneigentliche Geschichtlichkeit
SvGr 159–160

GESCHICK – § 74
„Das in der Entschlossenheit liegende, vorlaufende Sichüberliefern an das Da des Augenblicks nennen wir Schicksal. In ihm gründet mit das Geschick, worunter wir das Geschehen des Daseins im Mitsein mit Anderen verstehen. Das schicksalhafte Geschick kann in der Wiederholung ausdrücklich erschlossen werden hinsichtlich seiner Verhaftung an das überkommene Erbe. Die Wiederholung macht dem Dasein seine eigene Geschichte erst offenbar." „In der Mitteilung und im Kampf wird die Macht des Geschickes erst frei. Das schicksalhafte Geschick des Daseins in und mit seiner ‚Generation' macht das volle, eigentliche Geschehen des Daseins aus."
56 **8-11** 384 **29-38 (30-39)** 385 **1-2** 386 **27-35 (28-37)** 396 **25-41**
Vgl. Geschichtlichkeit, Geschichte des Seins, Bezug
Holzw 193–202, 232–235, 243–245, 295, 300–302, 308–312, 340–343

Hum 19, 23–28, 46–47 WiME 17 VA 32–46, 56–57, 63–64, 69, 71, 80, 217–218, 221–225, 231–256 SvGr 40–42, 51, 74, 80, 83, 98 bis 101, 107–110, 114–115, 119–123, 126–131, 136–138, 143–161, 164, 169–171, 175–177, 182–188, 196, 201, 208–209 ZSF 28, 31, 33, 35, 42–44 WhD 10, 20–21, 23, 26, 32, 52, 62–63, 65–66, 71, 103–105, 136 ID 47, 52–53, 64–73 Gel 57–59 USpr 80, 121 bis 122, 185, 237, 245, 263–267 Phil 18 N II 256–257, 339, 355, 367–369, 394, 396–397, 481–482 TK 37–41, 43, 45–46 WM 257

Gewärtigen – § 68
„Die uneigentliche Zukunft hat den Charakter des Gewärtigens." „Das Dasein kommt nicht primär in seinem eigensten Seinkönnen auf sich zu, sondern es ist besorgend *seiner gewärtig aus dem, was das Besorgte ergibt oder versagt*. Aus dem Besorgten her kommt das Dasein auf sich zu."
337 **7-40 (6-)** 341 **15-33 (-34)** 342 **17-25 (18-26)** 347 **2-24** 353 **23-37 (26-39)** 354 **1-18 (-19)** 355 **17-20; 28-31** 356 **16-21** 359 **28-41** 360 **1-20** 406 **23-39 (24-40)** 407 **1-10** 409 **3-35 (7-39)**
Vgl. Zukunft, Zeitlichkeit des Besorgens, Zeitlichkeit des Verfallens
cf. Vorlaufen

Gewesenheit – §§ 65, 68, 74
„‚Solange' das Dasein faktisch existiert, ist es nie vergangen, wohl aber immer schon *gewesen* im Sinne des ich *bin* – gewesen. Und es kann nur gewesen *sein*, solange es ist." „Übernahme der Geworfenheit bedeutet, das Dasein in dem, *wie es je schon war*, eigentlich *sein*." „Nur sofern Dasein überhaupt *ist* als ich *bin* – gewesen, kann es zukünftig auf sich selbst *so* zukommen, daß es *zurück*-kommt: Eigentlich zukünftig *ist* das Dasein eigentlich *gewesen*. Die Gewesenheit entspringt in gewisser Weise der Zukunft."
325 **34-39 (37-41)** 326 **1-8 (-9); 17-25 (18-26)** 327 **18-22** 328 **1-16; 39-40 (-41)** 329 **1-7 (-6)** 338 **29-30 (30-31)** 339 **1-30 (-31)** 340 **1-22 (-21); 35-39 (34-38)** 341 **28-38 (29-39)** 342 **1-7; 21-25 (22-26)** 343 **30-41 (28-)** 346 **1-5** 350 **1-16 (-17)** 365 **11-38 (12-39)** 380 **31-41 (32-)** 381 **1-20 (-22)** 385 **11-31 (-34)** 386 **1-5** 391 **3-8 (-9)** 427 **8-10 (13-16)**
Vgl. Zeitlichkeit, Ekstasen, horizontales Schema, Zukunft, Wiederholen, Geworfenheit, Geschichtlichkeit, Geschick
cf. Vergangenheit, Vergessen-Behalten
Kant 164–168, 178 Höld 80, 91, 94–95, 100–101, 112, 141 Holzw 30, 295, 312 VA 71, 182–183 ZSF 35 ID 44 USpr 154, 213 Phil 15 N II 9, 29, 388, 481, 483 FD 33–34

Gewissen – §§ 54–60, 62
„Das Gewissen gibt etwas zu verstehen, es *erschließt*. Aus dieser formalen Charakteristik entspringt die Anweisung, das Phänomen in die *Erschlossenheit* des Daseins zurückzunehmen." „Das Dasein ruft im Gewissen sich selbst." „Der Ruf kommt *aus* mir und doch *über* mich." „Dem Angerufenen selbst wird ‚nichts' *zu*-gerufen, sondern er ist *auf*-gerufen zu ihm selbst, d. h. zu seinem eigensten Seinkönnen." „Das Gewissen offenbart sich als Ruf der Sorge, als eine zum Sein des Daseins selbst gehörende *Bezeugung*, in der es dieses selbst vor sein eigenstes Seinkönnen ruft."
269 **24-32** 271 **10-16 (9-); 26-29** 273 **25-40 (22-38)** 275 **12-13 (12); 22-23 (22)** 276 **32-40** 277 **1-4 (-5); 23-38 (24-39)** 279 **25-36 (24-)** 280 **22-35 (21-34)** 286 **35-41 (36-)** 287 **1-12 (-14); 33-39 (35-41)** 288 **29-33** 294 **24-34 (26-36)** 295 **17-36 (19-38)** 296 **1-25 (-26)** 300 **22-25 (24-27)** 307 **6-22** 310 **4-16 (5-17)**
Vgl. Entschlossenheit, eigenstes Seinkönnen, Schuldigsein

Gewissen-haben-wollen – §§ 58, 60, 62
„Dem Gewissensruf entspricht ein mögliches Hören. Das Anrufverstehen enthüllt sich als *Gewissen-haben-wollen*." „Es ist vorrufender Rückruf in das jeweils faktische Selbstseinkönnen." „Die im Gewissen-haben-wollen liegende Erschlossenheit wird konstituiert durch die Befindlichkeit der Angst, durch das Verstehen als Sichentwerfen auf das eigenste Schuldigsein und durch die Rede als Verschwiegenheit."

Gewißheit – siehe Wahrheit als Gewißheit

Geworfenheit – §§ 29, 31, 38, 58, 68 b
„Diesen in seinem Woher und Wohin verhüllten, aber an ihm selbst um so unverhüllter erschlossenen Seinscharakter des Daseins, dieses ‚daß es ist' nennen wir die *Geworfenheit* dieses Seienden in sein Da. Der Ausdruck Geworfenheit soll die *Faktizität der Überantwortung* andeuten. Zur Geworfenheit gehört, daß das Dasein, solange es ist, was es ist, im Wurf bleibt."
135 **9-13 (-14); 24-33 (25-34)** 144 **7-12; 23-27** 145 **15-19 (-20)** 179 **1-10** 181 **4-19 (3-)** 221 **19-23 (21-25)** 228 **24-26 (25-28)** 251 **7-34** 276 **8-32 (7-)** 284 **10-40 (9-41)** 285 **1-27** 297 **28-29 (30-32)** 306 **19-25 (20-)** 325 **34-39 (37-41)** 326 **1-8 (-9)** 328 **1-4** 340 **1-22 (-21)** 348 **26-38** 374 **30-36 (-37)** 383 **12-36 (13-37)**
Vgl. Faktizität, Befindlichkeit, Gewesenheit
Kant 205–206, 212, 221 WdGr 46–54 Hum 16, 19, 25, 29, 35, 42 N II 378 FD 148

Geworfenheit ist in der Befindlichkeit erschlossen – §§ 29, 68 b
„In der Befindlichkeit ist das Dasein immer schon vor es selbst ge-

bracht und hat sich immer schon gefunden als gestimmtes Sichbefinden." „Die Stimmung erschließt das Dasein in seiner Geworfenheit, zunächst und zumeist in der Weise der ausweichenden Abkehr."
134 32-39 (33-40) 135 1-33 (-34) 136 21-23 (-24) 276 19-32 (18-) 328 10-13 340 1-22 (-21) 343 30-41 (29-)

Geworfener Entwurf – siehe Entwurf ist geworfener Entwurf

Glaube, Glauben
10 10-17 (9-16) 180 2-10 (-11) 227 10-15 (11-16)
WdW 8 Holzw 19, 75, 202–205, 234, 240, 246, 272, 325, 343
EiM 5–6, 18, 147 VA 50 WhD 44, 103–104, 110 SvGr 58
ID 50–51

Gleichgültigkeit
345 30-39
WiM 28–29 WdW 6, 14, 18 Holzw 20 EiM 1, 5, 63, 75

Gleichmut
„*Diese* Stimmung entspringt der Entschlossenheit, die augen*blicklich* ist auf die möglichen Situationen des im Vorlaufen zum Tode erschlossenen Ganzseinkönnens."
345 37-41
Vgl. Befindlichkeit, Sein zum Tode
Höld 116

Gleichursprünglichkeit
13 13-16 110 26-31 114 8-13 (7-) 131 31-37 (32-38) 133 22-27 (25-30) 137 5-9 (7-10) 141 32-35 (31-34) 142 36-39 (-40) 143 16-20 (15-) 146 24-28 (26-30) 159 12-14 161 5-6 (4-5) (167 40-41) 168 1-5 (-3) 181 20-26 191 11-28 (13-30) 199 15-21 (16-22) 200 32-35 (33-36) 220 33-35 (34-36) 223 10-11 (11-12) 230 5-7 (8-9) 231 15-18 (-19) 256 10-11 (11-12) 286 23-28 (24-29) 306 28-29 (29-30) 308 12-20 (14-21) 322 17-19 324 23-27 (26-30) 329 19-23 337 32-35 340 19-22 (-21)
WdGr 49–50 WM 388

Gott
10 10-17 (9-16) 24 38 (39) 49 2-4 (3-5) 269 2-8 275 24-32 (23-31) 427 A
Vgl. Gegend (Geviert), Götter
WiM 35–36 WdGr 27, 39 A Kant 18, 30–31, 116, 187, 195 WdW 8 EiM 5 Holzw 10–11, 19, 31–33, 70, 103, 131, 204–205, 209, 234–236, 239–241, 246, 248–249, 294 WiME 18 Höld 27, 41, 50, 52–53, 59–61, 66–67, 70–72 Plat 20, 48 Hum 13, 17, 19–20, 26, 33–37, 39 ZSF 17–18, 42 VA 34, 50, 150, 175, 177, 197, 199–201, 222, 260 WhD 7, 101, 118 SvGr 53, 55, 88, 118,

169–170, 186 ID 50–53, 56–57, 67, 70–71 USpr 14–15, 47, 60 bis 61, 72–73, 76, 159, 164, 211, 214, 219 N I 277, 320–324, 366, 471, 476 N II 29, 59, 227, 415–416, 419, 448–449, 470, 480 FD 3, 6, 85–86 TK 45–46 KT 8–9, 13–14, 21, 32 WM 392

Gott, christlicher
Vgl. Christentum, Schöpfergott
WdW 8 Höld 72, 108 Hum 10, 17, 35 Holzw 19, 63, 197, 202–204, 208–209, 226 EiM 103, 147 VA 260 WhD 44, 170 N II 33, 163, 273, 275–276, 414–416, 419, 422–426 FD 84–85

Gott, Entzug Gottes
VA 7

Gott, Fehl Gottes
Höld 27–28 Holzw 248 VA 151, 183 N II 394, 396

Gott, kommender
Höld 44, 104

Gott, Tod Gottes
Hum 33 Holzw 186, 196–204, 208–209, 214, 231, 234–235, 240 bis 242, 246, 253 ZSF 25 N I 183, 320–322, 336 N II 33–34, 38 bis 39, 275–276, 302–303, 348 TK 46

Schöpfergott
24 **35-40 (36-41)**
Vgl. Gott, christlicher
Hum 26 Holzw 19, 83, 93, 235 EiM 5, 80, 147 SvGr 136 N I 213–214, 257 N II 131, 163, 273, 302, 414, 419, 434, 471, 474 FD 84–85

Götter
222 **37-40 (38-41)**
Vgl. Gott, Gegend (Geviert)
Höld 19–20, 37–39, 42–43, 52–53, 57–58, 63, 66–67, 73–74, 83, 92, 98–100, 102, 104, 108–109, 114, 116, 118, 139–140 Hum 19, 26, 36 Holzw 34, 70, 209, 235, 248–250, 272, 326, 340 EiM 11, 29, 34, 62–63, 80–81, 84, 107, 110, 117–118, 127 Gel 33 VA 42, 53, 151, 171, 222–224, 247–248, 274–275, 277–279 WhD 6–7, 67 SvGr 140 ID 50, 67 USpr 172, 182, 219 N I 254, 277, 323, 336, 352–353, 476 N II 29 WM 310

Götter, entflohene
Flucht der Götter
Höld 44 Holzw 32, 34, 70, 248–251 EiM 29, 34

Göttliche, Das – göttlich – Göttlichen, Die
291 21-25 (22-26)
Vgl. Gegend (Geviert)
Kant 199 Höld 58, 123 Hum 15 Gel 36 EiM 47 VA 149 bis 151, 153, 171–172, 176–177, 183 ZSF 24 WhD 153 ID 71 USpr 22–23, 28 TK 43, 45, 47 KT 9

Grammatik
„Die Aufgabe einer *Befreiung* der Grammatik von der Logik bedarf *vorgängig* eines *positiven* Verständnisses der apriorischen Grundstruktur von Rede überhaupt als Existenzial.“ „Für die Aufgabe, Seiendes in seinem *Sein* zu fassen, fehlen nicht nur meist die Worte, sondern vor allem die ‚Grammatik‘.“
38 32-33 (34-35) 39 1-10 119 15-36 (16-37) 120 1-5 (-6) 165 27-41 166 1-11
Vgl. Logik, Aussage, bisherige Ontologie
EiM 40–54 Hum 5 Holzw 13–14 WhD 115–116, 133–134 SvGr 103 USpr 15 N I 172 N II 249 FD 19, 37

Grund
„Dasein ist nicht durch es selbst, sondern an es selbst entlassen aus dem Grunde, *um als dieser* zu sein. Sich auf Möglichkeiten entwerfend, in die es geworfen ist, *ist* es der geworfene Grund seines Seinkönnens.“ „Als dieser Grund und somit als Seinssinn der Sorge offenbarte sich die Zeitlichkeit.“ „Grund wird nur als Sinn zugänglich und sei er selbst der Abgrund der Sinnlosigkeit.“
152 9-15 (12-18) 283 30-32 (28-31) 284 20-40 (21-41) 285 1-7 287 1-12 (-14) 306 19-25 (20-) 308 37-40 (39-41) 325 34-38 (37-41) 348 26-32 356 16-20 436 11-15 (17-21)
Vgl. Sinn, Zeitlichkeit, Sorge, Schuldigsein
Kant 129, 171, 179, 183–184, 206 Holzw 62–63, 69–70, 80–81, 99–100, 218–219, 223, 228–229, 233–234, 248–249, 256–259, 261, 273 WdGr ganz, insbes. 43–54 SvGr ganz USpr 175 ID 51, 54–57, 66–71 Phil 26–27 N I 80, 464, 476, 577–578, 611, 654 N II 29, 42, 46, 48, 142, 147–148, 162, 166–168, 209–210, 243, 252, 347–349, 374, 420, 430–431, 446–448, 454 KT 9, 17, 22 WM 314, 336, 349–350, 359, 364–365, 383

Handeln
288 18-26 294 10-31 (11-33) 295 24-30 (26-32) 300 28-36 (30-38) 310 4-14 (5-15) 326 9-16 (10-17)
Vgl. Lassen
Hum 5–6, 45 WhD 55 Gel 35 VA 99 N I 261, 273, 388 TK 40

Heiterkeit, das Heitere
345 6-8
Vgl. Freude
WiM 34 Höld 15–20, 22–24, 26, 29, 80 USpr 64

Hermeneutik
37 28-41 38 1-7 (-6); 21-24 (-25) 232 1-23 (-24)
Vgl. Auslegung, Interpretation
USpr 95–98, 101, 120–128, 130, 136–138, 145–146, 150–151 N II 415

Historie – §§ 76, 77
„Der *Ort* des Problems der Geschichte darf nicht in der Historie als der Wissenschaft von der Geschichte gesucht werden.“ „Wie Geschichte möglicher *Gegenstand* der Historie werden kann, das läßt sich nur aus der Seinsart des Geschichtlichen entnehmen.“ „Unhistorische Zeitalter sind als solche nicht auch schon ungeschichtlich. Am Ende ist das Aufkommen eines ‚Historismus‘ das deutlichste Anzeichen dafür, daß die Historie das Dasein seiner eigentlichen Geschichtlichkeit zu entfremden trachtet.“
20 18-32 234 39-41 (40-) 235 1-2 (-4) 332 33-36 (35-38) 375 18-33 (19-34) 376 22-33 392 15-38 (-39) 393 1-3; 32-41 394 1-8; 31-37 (32-38) 395 19-32 396 8-15; 31-41 397 1-21
Vgl. Geschichte, Geschichtlichkeit
EiM 33 Hum 27 Höld 73 Holzw 76–77, 300–302 VA 48, 63–65, 69, 80 WhD 90–91, 104 USpr 80, 123 Phil 18, 29–30, 33–34, 42 N II 25, 27, 49, 110, 112–113, 115, 144, 149, 163, 173, 175, 375, 385–386, 388, 483–485 FD 33–34, 37 TK 46 WM 255, 268–269, 373

Hören – §§ 34, 55–58
„Zum redenden Sprechen gehören als Möglichkeiten Hören und Schweigen; an diesen Phänomenen wird die konstitutive Funktion der Rede für die Existenzialität der Existenz erst völlig deutlich.“ „Das Hören konstituiert die eigentliche Offenheit des Daseins für sein eigenstes Seinkönnen, als Hören der Stimme des Freundes, den jedes Dasein bei sich trägt. Das Dasein hört, weil es versteht.“ „Das Dasein ist rufverstehend *hörig seiner eigensten Existenzmöglichkeit.*“
161 28-32 163 17-41 164 1-31 165 9-11 270 32-37 (33-39) 271 1-16; 26-29 274 5-15 (3-14) 275 3-9 (2-8) 279 25-36 (24-) 287 33-39 (35-41) 295 17-24 (19-26) 296 6-33 (-34)
Vgl. Rede, Schweigen, Gewissen-haben-wollen

WdGr 54 Hum 44 Höld 28, 36, 73, 117–118 Holzw 251, 302, 306 VA 213–218 WhD 48, 55, 71, 88–89, 93, 160 SvGr 86–91, 118–121, 156, 203–204 ZSF 28 Gel 49 ID 22 USpr 32–33, 70, 121, 123, 135, 150, 160, 165, 175–176, 180–184, 228, 238, 254 bis 255, 257, 260, 262, 267 Phil 15, 34–36, 42 N II 29, 483–484 FD 112 TK 46 KT 32 WM 268

Hören und Rede – siehe Rede und Hören

Hoffnung
345 13-29

Horizontales Schema, Horizont – § 69 c
„Die Ekstasen sind nicht einfach Entrückungen zu . . .; vielmehr gehört zur Ekstase ein ‚Wohin' der Entrückung. Dieses Wohin der Ekstase nennen wir das horizontale Schema. Das Schema, in dem das Dasein *zukünftig* auf sich zukommt, ist das *Umwillen-seiner*. Das horizontale Schema der *Gewesenheit* fassen wir als das *Wovor* der Geworfenheit bzw. als *Woran* der Überlassenheit. Das horizontale Schema der *Gegenwart* wird bestimmt durch das *Um-zu*." „Ekstatisch hält sich die Zeitlichkeit schon in den Horizonten ihrer Ekstasen und kommt, sich zeitigend, auf das in das Da begegnende Seiende zurück."
235 12-16 (14-18) 346 29-31 355 35-37 (-38) 360 10-16 365 4-41 (3-) 366 1-34 368 35-40 369 6-11 (7-12); 23-26 (24-27) 383 12-14 (13-15); 31-36 (32-37) 421 1-4 (2-7) 422 21-27 (24-30) 426 38-40 (-) 427 1-13 (3-18) 437 33-41 (-) (438 1-8)
Vgl. Ekstasen der Zeitlichkeit, Transzendenz
Kant 75, 82, 86–88, 102, 111, 114–115, 117, 121–122, 128, 131, 133, 138, 142, 150, 158, 165, 169, 175–176, 180 Gel 38–43, 50–55, 59

Horizont, Zeit als Horizont des Seinsverständnisses – siehe Seinsverständnis, Zeit als . . .

„Ich" – §§ 25, 64
„Wenn das ‚Ich' eine essentielle Bestimmtheit des Daseins ist, dann muß sie existenzial interpretiert werden." „Das Ich-sagen meint das Seiende, das je ich bin als: ‚Ich-bin-in-einer-Welt'." „Im Ichsagen spricht sich das Dasein als In-der-Welt-sein aus." „Mit ‚Ich' spricht sich die Sorge aus, zunächst und zumeist in der ‚*flüchtigen*' Ich-Rede des Besorgens." „Zunächst ‚bin' nicht ‚Ich' im Sinne des eigenen Selbst, sondern die Anderen in der Weise des Man."
42 23-29 (-30) 115 4-17 (3-16); 30-40 (29-41) 116 1-22 (-21) 117 6-13 (4-11) 129 26-30 (-31) 179 16-25 (17-26) 315 39-40 (41) 316 1-3 317 29-35 (32-38) 318 1-8 (3-10) 321 19-32 (20-34) 322 1-31; 40-41 (-) 323 1-12 (-14) 332 16-29 (17-31)

Vgl. Subjekt, Man
cf. Jemeinigkeit, Selbst
Kant 138, 157, 174–177 Holzw 81, 85, 96–97, 101–102, 141, 149, 236, 241 VA 74, 84–86 Gel 57–58 Phil 41 N I 59, 99, 261 bis 262, 275, 505 N II 62, 134, 136–138, 140–142, 153–155, 160 bis 162, 164, 170, 175–176, 180, 182, 185–186, 190, 193, 297, 382, 450 bis 451, 463, 468, 474 FD 35–36, 77, 81–85, 124, 130, 147, 171 KT 20, 31, 33 WM 257, 379, 380–384

Idealismus-Realismus – siehe Realismus-Idealismus

IN-DER-WELT-SEIN – §§ 12–18, 22–27, 69
„Mit der Zugänglichkeit von innerweltlichem Zuhandenem für das umsichtige Besorgen ist je schon Welt vorerschlossen. Sie ist demnach etwas, ‚worin' das Dasein je schon *war,* worauf es in jedem irgendwie ausdrücklichen Hinkommen immer nur zurückkommen kann." „In sein ‚Da' geworfen, ist das Dasein faktisch je auf eine bestimmte – seine – Welt angewiesen." „Zu seinem Sein gehört wesenhaft diese *Angewiesenheit.* Die erschlossene Bedeutsamkeit ist als existenziale Verfassung des Daseins, seines In-der-Welt-seins, die Bedingung der Möglichkeit der Entdeckbarkeit einer Bewandtnisganzheit." „Hinsichtlich seines Seins als Zeitlichkeit sich zeitigend, *ist* das Dasein auf dem Grunde der ekstatisch-horizontalen Verfassung der Zeitlichkeit wesenhaft ‚in-einer-Welt'. Das faktische besorgende Sein bei Zuhandenem, die Thematisierung des Vorhandenen und das objektivierende Entdecken dieses Seienden sind nur als Weisen des In-der-Welt-seins möglich."
53 **7-34 (-36)** 54 **21-32** 57 **25-37 (26-38)** 58 **26-38 (-39)** 62 **11-29 (13-32)** 64 **17-24 (20-27)** 76 **7-18 (9-20)** 86 **1-27 (-29)** 87 **4-34 (-37)** 110 **18-31** 111 **14-22 (13-21)** 118 **6-24 (3-23)** 136 **33-39 (35-41)** 137 **1-9 (-10)** 161 **13-20; 34-36** 162 **23-36 (-37)** 176 **27-41** 297 **13-36 (15-39)** 298 **1-11 (-12)** 313 **11-13** 350 **17-37 (18-38)** 351 **1-33** 364 **9-37 (10-39)** 365 366 388 **23-32 (24-34)**
Vgl. Weltlichkeit, In-Sein, Sein bei . . ., Existenzialität, Transzendenz, Erschlossenheit, Sorge, Zeitlichkeit
cf. Innensphäre, Subjekt-Objekt-Beziehung
Kant 212 WdGr 20–24, 36–54 Hum 32–36, 42–43 WhD 104 156 WM 373

In-der-Welt-sein, eigentliches – siehe vorlaufende Entschlossenheit

In-der-Welt-sein als Mitsein – siehe Mitsein

In-der-Welt-sein ist befindlich – siehe Befindlichkeit, Angst, Furcht

In-der-Welt-sein ist geschichtlich – siehe Geschichtlichkeit des In-der-Welt-seins

In-der-Welt-sein ist räumliches – siehe Räumlichkeit, Einräumen

In-der-Welt-sein ist verfallend – siehe Verfallen

In-der-Welt-sein ist verstehend – siehe Verstehen, Seinsverständnis

Innensphäre, Inneres, Innerseelisches – § 43 a
„Im Sichrichten auf ... und Erfassen geht das Dasein nicht etwa erst aus seiner Innensphäre heraus, in die es zunächst verkapselt wäre, sondern es ist seiner primären Seinsart nach immer schon ‚draußen' bei einem begegnenden Seienden der je schon entdeckten Welt. Und das Sichaufhalten bei dem Seienden ist nicht etwa ein Verlassen der inneren Sphäre, sondern auch im ‚Draußen-sein' ist das Dasein im recht verstandenen Sinne ‚drinnen', d. h. es selbst ist es als In-der-Welt-sein. Auch im Bewahren und Behalten *bleibt* das Dasein *als Dasein draußen*."
60 **15-41 (14-)** 61 **1-9** 62 **5-29 (7-32)** 136 **24-28 (25-30); 35-39 (37-41)** 137 **1-9 (-10)** 146 **28-38 (30-40)** 162 **17-22 (16-)** 204 **35-38 (36-39)** 205 **1-21** 206 **25-37 (27-38)** 273 **15-24 (12-21)** 388 **30-36 (31-37)** 389 **1-3 (-4)**
Vgl. Subjekt, Erlebnis
cf. In-der-Welt-sein

Innerweltliches, **Innerweltlichkeit** – §§ 15–18, 43
„Zuhandenes und Vorhandenes begegnet innerweltlich." „Welt ist selbst nicht ein innerweltlich Seiendes, und doch bestimmt sie dieses Seiende so sehr, daß es nur begegnen und entdecktes Seiendes in seinem Sein sich zeigen kann, sofern es ‚Welt' gibt." „Innerweltlich Seiendes ist ontologisch nur zu begreifen, wenn das Phänomen der Innerweltlichkeit geklärt ist. Diese aber gründet im Phänomen der *Welt*, die ihrerseits als wesenhaftes Strukturmoment des In-der-Welt-seins zur Grundverfassung des Daseins gehört."
72 **13-23 (15-25)** 83 **9-15 (11-17)** 209 **2-10 (-11)** 211 **22-39 (23-40)** 212 **1-3** 365 **39-41 (40-)** 366 **1-39**
Vgl. Zuhandenes-Zuhandenheit, Vorhandenes-Vorhandenheit, Reales-Realität, Innerzeitiges-Innerzeitigkeit, Transzendenz
WdGr 39–42, 45–54

Innerzeitiges, **Immerzeitigkeit** – § 80
„Die Zeitbestimmtheit des innerweltlich Seienden ist die Innerzeitigkeit." „Nicht daseinsmäßiges Seiendes ist innerzeitiges (innerwelt-

liches).“ „Im vulgären Sprachgebrauch besagt ‚zeitlich‘ soviel wie ‚in der Zeit‘ (innerzeitig) seiend.“
18 8-27 (-28) 235 10-12 (12-14) 333 10-24 (12-28) 338 13-15 376 34-41 377 1-14 (-16) 412 12-17 (16-21) 419 1-11 (-12) 420 3-10 (5-12)
Vgl. Innerweltliches, Zeit als Weltzeit

IN-SEIN – §§ 12, 13, 28, 29, 31, 34, 38, 65, 69 c
„In-Sein ist der formal existenziale Ausdruck des Seins des Daseins, das die wesenhafte Verfassung des In-der-Welt-seins hat.“ „In-Sein ist ein *Existenzial*.“ „Es bedeutet Wohnen bei . . ., Vertrautsein mit . . .“ „Das Seiende, das wesenhaft durch das In-der-Welt-sein konstituiert wird, *ist* selbst je sein ‚Da‘.“
54 21-34 (-35) 56 33-39 132 28-41 (29-40) 133 1-10 (-12) 137 14-29 (15-31) 141 25-35 (24-34) 143 10-20 (9-) 176 27-41 179 16-31 (17-32) 188 26-37 (28-39) 189 1-6 202 34-38 (35-40) 203 1-3 (-2) 350 17-37 (18-38) 351 9-22
Vgl. In-der-Welt-sein, Sein des Da, Erschlossenheit, Existenzialität, Sein bei . . ., Ekstasen der Zeitlichkeit, Transzendenz
cf. Innensphäre, Inwendigkeit
(In-Sein als Wohnen, Inständigkeit:) Hum 5, 39, 41–45 Höld 39, 84–86, 93, 114, 116, 118–119, 138–141, 143 VA 79, 145–162, 187 bis 204 WhD 59, 83–84, 88, 97, 117–118, 143 Holzw 31, 35, 118, 252 Gel 17–18, 23, 26–28, 61–62, 66, 69–70 Heb 13–14, 16, 19, 22–25, 29 SvGr 60, 157 ZSF 27, 41 USpr 33, 41, 77, 81 ID 30 N II 28–29, 41, 252, 291, 358, 377, 389, 475, 481, 485 TK 39 bis 40, 43, 46–47 KT 32

Interpretation
(durchzieht das ganze Werk)
1 13-16 (15-19) 230 22-24 (25-28)
Vgl. Auslegung, Hermeneutik
WdGr 32, 39–42 Kant 14, 27–28, 39, 46, 51, 53, 66, 68–69, 74–75, 85–86, 88, 99–101, 106, 113, 123, 127, 130. 132–133, 136, 141, 148, 154–156, 160–162, 171, 173, *181–184*, *194*, 198, 209–211, 214, 216, 218, 220–221 Hum 5–6, 8 Holzw 209, 297, 316 EiM 134 ZSF 36 WhD 68, 109–110, 168 USpr 97 WM 373, 377, 384

Inwendigkeit – § 12
„Es gilt, den ontologischen Unterschied zwischen dem In-Sein als Existenzial und der ‚Inwendigkeit‘ von Vorhandenem untereinander als Kategorie zu sehen.“
53 38-39 (39-41) 54 1-15 55 2-41 (1-) 56 12-14 101 23-32 (25-34)
Vgl. Kategorie
cf. In-Sein, Existenzialien

Jemeinigkeit
„Das Sein des Daseins ist *je meines.*“ „Die Angst bringt das Dasein vor sein Freisein für die Eigentlichkeit seines Seins als Möglichkeit, die es immer schon ist. Dieses Sein aber ist es zugleich, dem das Dasein als In-der-Welt-sein überantwortet ist.“ „Der Tod ist, sofern er ‚ist‘, je der meine.“ „Gewissen ist im Grunde und Wesen je meines.“
41 29-31   42 23-40 (-41)   43 1-11 (-12)   187 38-40 (40-41)   188 1-9; 18-23 (20-25)   190 24   191 1-6 (-7)   221 19-23 (21-25)   240 3-15 (-16)   263 20-30 (22-33)   278 28-32 (29-33)   280 16-19 (15-18); 27-32 (26-31)   297 28-29 (30-32)   298 20-21 (21-22)
Vgl. Eigentlichkeit, eigenstes Seinkönnen, Selbst, Angst, Gewissen, Schuldigseinkönnen, Sein zum Tode
cf. Ich, Subjekt, Man
EiM 22

Jetztfolge – siehe Zeit als Jetztfolge

Kategorie
„Existenzialien sind scharf zu trennen von den Seinsbestimmungen des nicht daseinsmäßigen Seienden, die wir *Kategorien* nennen.“ „Das je schon vorgängige Ansprechen des Seins im Besprechen des Seienden ist das κατηγορεῖσθαι. Die Kategorien umfassen die apriorischen Bestimmungen des an- und besprechbaren Seienden.“
44 24-38 (25-39)   45 1-9 (-10)   54 6-15   88 3-14   320 30-45
Vgl. Bisherige Ontologie
cf. Existenzialien
Kant 65–68, 83–88, 96–106, 137–138, 180–182   Holzw 324   N I 77, 529–530, 532, 584, 587–591, 634   N II 71–78, 111, 180–181, 195, 231, 244, 431   FD 48–49, 77, 82–84, 95, 146–147, 150, 169, 173–174, 181–184, 187–188   KT 20, 25–27   WM 322–323

Kultur
50 28-30 (30-32)   51 1 (-)   176 23-26   178 2-13 (-14)
Höld 40, 84–85   EiM 36–37, 125   WhD 53

Kunst
Holzw 7–10, 16–17, 25–29, 45–46, 58–68, 94   VA 19–20, 23, 42–45   EiM 36, 101, 122   WhD 8, 87   SvGr 41, 66   USpr 92, 101–102, 139–140   FD 88, 161, 163   WM 347

Lassen
„Dieses In-sich-handeln-*lassen* des eigensten Selbst aus ihm selbst in seinem Schuldigsein repräsentiert das im Dasein selbst bezeugte

eigentliche Seinkönnen." „Die Entschlossenheit bedeutet Sich-aufrufen-lassen aus der Verlorenheit in das Man."
295 25-27 (27-30) 298 11-14 (12-15) 299 8-9
Vgl. Hören, Bewenden-lassen, Freigabe, Bezug
Kant 206 Holzw 20, 29, 49, 54, 59, 174–175, 191, 239, 243, 256 bis 257, 259–260, 323, 333, 338, WdW 14–17 VA 68 Hum 5, 42 WhD 75, 86–87, 110, 114, 158–159, 168–169 Gel 24–28, 33 bis 38, 43–55, 59–73 USpr 75, 112, 167–169, 181, 191, 198, 223, 232–233, 255, 261 ID 23 N I 129 N II 389 WM 371

Leben
46 19-25 50 1-8 (2-9) 194 8-12 196 9-10 (-11) 240 34-38 (35-39) 241 1-9 (-10) 246 21-35 (23-37) 247 1-40 (-41) 316 3-4 (-5) 374 20-41 (375 1)
Kant 215 WdW 18 Höld 115, 118 Plat 37, 49 Hum 13–15 EiM 55, 100 Holzw 86, 209, 211–213, 257, 273, 293 Heb 18, 24, 28 WiME 7 Gel 22, 60 VA 81–82, 86, 98, 273–274 USpr 53, 55, 62, 129 N I 67, 252–253, 278, 526, 565 N II 16, 18–19, 21, 23, 38, 61, 195 WM 326–327, 334, 367, 381

Lebensphilosophie
46 26-41 47 1-2 48 25-29 249 A

Leib
108 34-39 (37-41) (109 1) 117 35-39 (33-36) 368 1-20
Vgl. Sinne
Kant 157 Höld 117 Hum 13–16 Plat 23, 48–49 Holzw 15 bis 16, 289 VA 214–215 WhD 51 USpr 204–205 N I 47, 55, 115, 118–119, 125–126, 565, 655 N II 18, 186–187, 190–191, 194 bis 195, 200, 239, 294, 300, 302, 307

LICHTUNG – §§ 28, 29, 31, 69 c
„Dasein ist an ihm selbst *als* In-der-Welt-sein gelichtet, nicht durch ein anderes Seiendes, sondern so, daß es selbst die Lichtung *ist*. Nur einem existenzial so gelichteten Seienden wird Vorhandenes im Licht zugänglich, im Dunkel verborgen." „Die ekstatische Zeitlichkeit lichtet das Da ursprünglich."
132 28-41 (29-40) 133 1-10 (-12) 147 1-3 (4-6) 170 23-26 (22-25) 350 27-37 (28-38) 351 1-8 408 4-9 (6-12)
Vgl. Erschlossenheit, Wahrheit, Offenheit, Da, Sicht, Ekstasen, Sorge, Existenzialität, Zeitlichkeit
Holzw 41–44, 49 Höld 18, 55–58, 114 Hum 15–17, 19–20, 24, 26, 35–37, 43, 45 VA 169, 241, 247, 252, 255, 258, 275–282 SvGr

109, 113, 143, 145–147, 150, 154, 157, 169, 186 WhD 10 ZSF 11 USpr 110, 126, 134–136, 141, 197, 199–200, 214, 257–258 ID 23, 63, 65, 68 N II 13, 20, 26, 28, 228, 350, 389, 467, 475, 482, 485–486, 490 FD 82 TK 43, 45 KT 35 WM 271

Logik – § 33

„Die traditionelle Logik hat ihr Fundament in einer überdies noch rohen Ontologie des Vorhandenen. Daher ist sie durch noch so viele Verbesserungen und Erweiterungen grundsätzlich nicht geschmeidiger zu machen."

10 **26-41** 11 **1-3 (-2)** 128 **34-40 (35-41)** 129 **1-8** 157 **18-27** 158 **27-40 (28-41)** 159 **1-29 (-30)** 165 **27-41** 166 **1-5 (-6)** 315 **4-10 (5-11)** 399 **25-30 (26-31)**

Vgl. Logos, Aussage, bisherige Ontologie

Kant 136–137, 152, 219–221 WiM 26, 33, 43, 44 EiM 19, 91–94 Holzw 8, 243, 287, 297, 308, 324–325 Hum 32–34, 39, 47 VA 208 WhD 7, 10, 99–102, 105, 116, 119–120, 126–129, 134, 138, 145–146, 163, 170, 172 SvGr 65, 103 ZSF 29 ID 53–57, 68–69 USpr 103–104 WdGr 10, 17 Phil 43 N I 172–174, 530–532, 594–602 N II 52–54, 77, 177–178, 185–186, 232, 463, 487 FD 37, 121-122, 125, 137–138, 145–146 KT 12–14, 17, 19–20, 22, 25 WM 323

Logistik

159 **30-37 (31-)**

Vgl. Rechnen, rechnendes Denken

VA 76, 234 WhD 10, 102, 145 SvGr 65, 163, 170, 203 USpr 116, 125, 160 N II 487 FD 122 WM 255

Λόγος – §§ 7 B, 33, 44 b

25 **25-40 (-41)** 26 **1-5 (-4)** 32 33 34 **1-30 (-32)** 37 **26-34 (-33)** 44 **27-38 (29-39)** 45 **1-3 (-4)** 48 **31-35 (30-)** 58 **39-40 (40-41)** 59 **1-5 (-6)** 154 **9-13 (13-17); 24-32 (28-36)** 158 **36-40 (37-41)** 159 160 **1-25 (-26)** 165 **15-35** 219 **15-37 (-38)** 220 **1-13** (224 **40-41**) 225 226 **1-24 (-26)**

Vgl. Rede, Aussage, Auslegung, Logik

EiM 94–104, 128–146 Holzw 162-163, 243, 298, 301, 324–326, 340, 342 Hum 34 VA 207–229, 247, 250, 276, 279–281 WhD 7, 100–105, 119–129, 139, 145–149, 163, 170–174 SvGr 86, 177–184, 187 ZSF 29, 40 ID 54–57, 64–67 USpr 185, 203, 237, Phil 20–22, 24, 44–45 N I 529 N II 76–77, 195, 208, 232, 408, 430 bis 431, 461, 463, 470 FD 49, 82–83, 122, 146 KT 17, 20, 35 WM 262, 264, 266, 268–270, 323, 345–346, 348–350, 352, 365, 371

Man – §§ 25–27, 35–38, 51, 52, 59, 68 c, 71, 73, 81
„Das Man ist ein Existenzial und gehört als ursprüngliches Phänomen zur Verfassung des Daseins.“ „Das *Man* ist das *Niemand*, dem alles Dasein im Untereinandersein sich je schon ausgeliefert hat.“ „*Zunächst* ‚bin‘ nicht ‚ich‘ im Sinne des eigenen Selbst – zunächst ist das Dasein Man und zumeist bleibt es so.“ „*Durchschnittlichkeit* (*Einebnung* aller Seinsmöglichkeiten) ist ein existenzialer Charakter des Man.“
114 **8-13 (7-)** 126 **26-39 (-40)** 127 **4-10 (3-); 17-19** 128 **5-17** 129 **9-35 (-36)** 130 **20-22 (-23)** 184 **20-22** 189 **7-15** 222 **2-20 (-21)** 268 **1-23 (-25)** 274 **11-15 (9-14)** 277 **1-8** 278 **15-28 (-29)** 299 **2-22 (3-)** 308 **16-20 (17-21)** 339 **7-32 (-33)**
Vgl. Uneigentlichkeit, Entfremdung, Verfallen, Alltäglichkeit
cf. Eigentlichkeit, Jemeinigkeit, eigenstes Seinkönnen, Selbst
Hum 8–9 WhD 67–68 N II 386–388

Man, Alltäglichkeit und Man – siehe Alltäglichkeit und Man

Man-Selbst – §§ 54–56

Mathematik, mathem. Naturwissenschaften
9 **33-40 (-41)** 10 **1-3 (-2)** 95 **27-38 (28-40)** 96 **1-20** 100 **7-12 (11-16)** 101 **1-6 (3-8)** 111 **40-41** 112 **1-27** 361 **34-41 (33-)** 362 **1-38 (-37)**
Vgl. Wissenschaften, Relativitätstheorie, theoretisches Erkennen
Holzw 71–74, 80, 225 VA 29–31, 45–46, 58–63, 168–169 Gel 19–22, 57–58, 71 USpr 209–210 Phil 43 N I 343, 344, 371–372, 532–533 N II 24, 76, 161–162, 164–165, 419 FD 31–32, 38–39, 49–86, 90–92, 94–95, 97–101, 109–111, 122, 129, 144, 148–149, 162 bis 164, 168–170, 172–173 TK 46 WM 260, 318, 348

Menschenwesen, Seinsbezug des Menschen – siehe Bezug, Wesen als ‚Wesen‘ . . .

Metaphysik – siehe Ontologie, bisherige
WiM ganz, Holzw 66, 68, 69–70, 80, 91, 96, 99, 103–104, 134, 137 bis 138, 159, 161–164, 184–187, 193–197, 200, 213–215, 218–237, 242–245, 254, 302, 325 Plat 44–45, 48–50 Hum 5–6, 8, 12–18, 20, 23–28, 31–32 VA 71–83, 86, 99 WhD 25, 34, 40, 42, 45, 62–63, 73, 77, 135–136, 174 ZSF 13, 16, 18, 23–26, 32–33, 35–43 ID 10, 18–19, 23–24, 30–31, 33, 47–48, 50–58, 66–72 SvGr 89, 111, 114, 120, 145–146, 160, 165 USpr 101–102, 109, 116, 129, 138 Phil 42 N I 19, 25–27, 29, 33, 45, 258–259, 287, 448–470, 478–480, 492–494, 497–498, 506, 520–526, 528–530, 540–541, 594–595, 599–601, 606, 625–637, 642–643, 652–657 N II 7–20, 22–29, 33–36, 42, 45, 52–55, 58–59, 61–62, 73–79, 91–92, 97–99, 109–114, 116, 126 bis

131, 133–144, 147–150, 157–158, 165–174, 178, 180, 182, 184, 186 bis 205, 207–213, 219–222, 226–231, 236–246, 254–262, 264, 272–275, 282, 288–304, 309, 318–321, 329–333, 335–339, 342–355, 359–361, 367–372, 374–375, 377–379, 381, 383–391, 393–394, 396–403, 407–417, 429–435, 442–444, 448–452, 458–482, 486–489 FD 3, 74–79, 83–92, 94–95, 97–99, 103, 131–132, 137, 149 KT 8, 10, 32, 36 WM 311–312, 323, 338, 352–353, 359, 373–374, 376–377, 383

Mitdasein – §§ 25–27
„Die Welt des Daseins gibt Seiendes frei, das so ist, wie das freigebende Dasein selbst – *es ist auch und mit da.* Das ‚Mit' ist ein daseinsmäßiges, das ‚Auch' meint die Gleichheit des Seins als umsichtig besorgendes In-der-Welt-sein. ‚Mit' und ‚auch' sind *existenzial* zu verstehen." „Mitdasein charakterisiert das Dasein Anderer, sofern es für ein Mitsein durch dessen Welt freigegeben ist."
114 **8-13 (7-)** 118 **17-24 (15-23); 35-41** 121 **7-11 (8-12)** 123 **28-38 (29-39)** 163 **23-24 (22-)**
Vgl. Mitsein, Mitwelt, Fürsorge, Man
WdGr 54 N I 577–579

Mitsein – §§ 25–27
„Das In-Sein ist *Mitsein* mit Anderen." „Das Mitdasein der Anderen ist nur für ein Dasein erschlossen, weil das Dasein wesenhaft an ihm selbst Mitsein ist, als Mitsein das Dasein Anderer in seiner Welt begegnen läßt. Mitsein ist eine Bestimmtheit des je eigenen Daseins." „Als Mitsein ‚ist' daher das Dasein wesenhaft umwillen Anderer."
118 **35-41** 120 **21-35 (22-36)** 121 **7-11 (8-12)** 123 **18-28 (19-29)** 125 **5-7 (6-8); 24-25 (25-26)** 163 **23-24 (22-)** 263 **26-29 (28-31)** 298 **4-19 (-20)** 386 **27-30 (28-31)**
Vgl. Mitdasein, Mitwelt, Fürsorge
WdGr 54 N I 577–579

Mitsein versteht Mitdasein – § 26
„Im Seinsverständnis des Daseins liegt schon, weil sein Sein Mitsein ist, das Verständnis Anderer." „Mitdasein ist wesenhaft schon offenbar in der Mitbefindlichkeit und im Mitverstehen."

Mitwelt – §§ 25–27
„Auf dem Grunde des *mithaften* In-der-Welt-seins ist die Welt je schon immer die, die ich mit den Anderen teile. Die Welt des Daseins ist Mitwelt." „Diese mit dem Mitsein vorgängig konstituierte Erschlossenheit der Anderen macht demnach auch die Bedeutsamkeit, d. h. die Weltlichkeit mit aus."
Vgl. Mitsein, Mitdasein, Weltlichkeit

Mitteilung, Sprechen als Mitteilung – §§ 34, 35
„In der Mitteilung konstituiert sich die Artikulation des verstehenden Miteinanderseins. Sie vollzieht die ‚Teilung' der Mitbefindlichkeit und des Verständnisses des Mitseins."
Vgl. Rede, Sprache, Aussage, Gerede, Mitsein

MÖGLICHKEIT – §§ 31, 53
„Höher als die Wirklichkeit steht die *Möglichkeit.*" „Das Möglichsein, das je das Dasein existenzial ist, unterscheidet sich ebensosehr von der leeren, logischen Möglichkeit wie von der Kontingenz eines Vorhandenen. Die Möglichkeit als Existenzial ist die ursprünglichste und letzte positive ontologische Bestimmtheit des Daseins." „Weil die Existenz je nur als faktisch geworfene ist, wird die Historie die stille Kraft des Möglichen umso eindringlicher erschließen, je einfacher und konkreter sie das In-der-Welt-gewesensein aus seiner Möglichkeit her versteht und ‚nur' darstellt."
38 29-31 (31-33) 42 16-19 (-20); 30-40 (31-41) 43 21-23 (22-24) 86 31-37 (33-39) 127 17-19 143 25-38 (26-39) 144 1-14; 26-27; 34-40 (35-41) 145 1-13; 23-31 162 32-34 (-35) 176 6-10 187 27-40 (28-41) 188 1-9 193 16-18 195 1-3 248 4-6 (-7); 26-30 250 39-40 (-41) 251 7-10 260 5-8 261 262 263 1-3 (-5) 264 24-27 (25-28) 268 22-23 (23-25) 270 25-26 (26-27) 280 12-15 (11-14) 285 6-18 (5-17) 286 41 (-) 287 1-12 (-14) 294 26-29 (28-32) 295 33-36 (36-38) 302 33-35 (34-37) 303 1-6 (-5) 304 10-12 306 2-9 (3-11); 20-27 (21-) 307 19-22 (20-) 309 10-16 (-17) 310 4-16 (5-17) 312 28-40 (27-41) 313 1-13 325 17-25 (19-27) 326 4-6 (5-7) 330 12-19 336 25-27 339 7-12 343 25-29 (24-28) 383 4-14 (5-15) 394 28-37 (29-38) 395 11-15 (-14)
Vgl. Seinkönnen, Entwurf, Zukunft, Existenz
cf. Wirklichkeit
(Möglichkeit, Mögen:) Kant 109–110, 124, 129, 184–185, 211 WdGr 41, 46–47, 52–53 Höld 35, 107 Hum 7–8 Holzw 256 VA 98–99, 129–130 WhD 1, 51, 60, 86 SvGr 71, 126, 157, 186 ID 32, 66, 72 USpr 160–161, 165, 174, 199, 214 N I 389, 392–393, 470 N II 377 WM 356, 391–392, 394–395

Mythos
313 34-39
WhD 6–7 ID 50 VA 248

Nähe/Ferne – siehe Ferne/Nähe

Natur als umsichtig entdeckte bzw. theoretisch erkannte Natur
63 29-35 (32-38) 65 22-34 (24-36) 70 20-35 (-36) 71 7-20 (8-21) 112 16-27 211 26-33 (27-34) 388 30-36 (31-37) 389 1-3 (-4) 412 26-27 (30-31) 413 18-21 (22-25)
WdGr 20, 36, 39 Kant 51, 187 WdW 16, 18 Höld 21, 51–65,

127 Hum 14, 19 Holzw 36, 58, 135, 177, 236, 256–258, 261, 265, 273, 288, 293, 343 Heb 21–24 Gel 19–21, 57 EiM 10–12, 48, 61, 80, 119, 151 VA 26, 29–30, 34, 57–58, 60–64, 77, 80 SvGr 52–53, 97–98, 100, 102, 110–111, 154, 199, ID 33 USpr 264 N II 76, 165–166, 188 FD 101, 175, 182 WM 309–311, 313, 329, 359, 370

Naturwissenschaften – siehe mathem. Naturwissenschaften

Negation (Verneinung)
286 **1-5**
Kant 38 Hum 33, 43–44 Holzw 161, 167, 279 Gel 32 EiM 18, 62–63 VA 268–269 ZSF 24 N I 73, 281, 284, 310 N II 52, 365–366 WM 265, 365

Negativ, Negativität
248 **15-20**
WdGr 39, 44 WdW 14–15 Hum 33–34, 44 Holzw 162, 279 EiM 145 VA 91 ZSF 24, 30–31, 34, 40 WhD 11–14, 98 N I 73 N II 362–365 WM 265, 365, 377, 395

Neugier – §§ 36, 68 c
Vgl. Verfallen, Entfremdung, entspringendes Gegenwärtigen

Nicht – § 58
„Hat man überhaupt je den *ontologischen Ursprung* der Nichtheit zum Problem gemacht oder *vordem* auch nur *nach den Bedingungen* gesucht, auf deren Grund das Problem des Nicht und seiner Nichtheit und deren Möglichkeit sich stellen läßt? Und wo sollen sie anders zu finden sein, *als in der thematischen Klärung des Sinnes von Sein überhaupt*?“
283 **25-41 (23-)** 284 285 286 **1-10 (-11)**
Vgl. Nichts, Nichten
WdGr 5 Hum 43–44 Holzw 58, 104 EiM 18, 21–24, 27, 49, 59, 62, 78, 83–87

Nichten, Nichtigkeit, nichtig – § 58
„Die Sorge selbst ist in ihrem Wesen durch und durch von Nichtigkeit durchsetzt. Die Sorge – das Sein des Daseins – besagt demnach als geworfener Entwurf: das (nichtige) Grund-sein einer Nichtigkeit.“
283 **25-41 (23-)** 284 285 **1-36** 286 **33-41 (34-)** 287 **1-12 (-14)** 305 **14-17 (15-18)** 306 **19-31 (20-)** 308 **34-40 (36-41)** 330 **12-19** 348 **26-32**
Vgl. Nichts, Nicht, Schuldigsein
WdGr 42, 52 Hum 35, 43–44 Holzw 104, 144 Gel 60 EiM 18 VA 73 ZSF 23 N I 73, 460, 471 N II 49, 53, 354

Nichtigkeit und Schuldigsein – § 58
„Als nichtiger Grund seines nichtigen Entwurfs steht das Dasein in der Möglichkeit seines Seins.“
283 25-41 (23-) 284 285 1-34 306 19-31 (20-)

Nichtigkeit und Sorge
285 22-25 (-26)

Nichtigkeit und Tod – §§ 52, 53
250 11-13; 29-40 (-41) 262 22-31 (25-34) 266 1-4 306 19-27 (20-) 308 37-40 (39-41) 313 11-13

NICHTS – § 40
„Das Nichts, davor die Angst bringt, enthüllt die Nichtigkeit, die das Dasein in seinem *Grunde* bestimmt, der selbst ist als Geworfenheit in den Tod.“
186 18-40 (19-41) 187 1-20 (-21) 188 24-31 (26-33) 266 1-4 273 25-31 (23-28) 276 28-40 277 1-4 (-5) 308 34-40 (36-41) 313 11-13 343 4-29 (3-28)
Vgl. Nichtigkeit, Nicht, Angst, Sein zum Tode, Welt, Un-zuhause
WiM ganz WdGr 5, 48, 52 Kant 71 113–115, 121, 132, 204, 214 bis 215 WdW 18–19 Höld 141 Hum 43–44 Holzw 41, 59, 63, 104, 144–145, 200–201, 239, 244–245, 321 Gel 41 EiM 1–2, 17 bis 22, 24, 27, 30, 60, 64, 80, 85–87, 127–128, 152, 155 VA 73, 177 WhD 43 USpr 108–109, 137, 191–194 ZSF 23, 26, 29–34, 38–40 N I 24, 73, 277, 354, 459–460, 471 N II 42, 49–54, 336–339, 394, 446 WM 314

Nichts und Angst – §§ 40, 68 b
Kant 214–215 WiM 29–35 WiMN 41–42 WiME 12

Nichts und Ruf – §§ 56, 57
„Der Rufer ist ‚weltlich‘ durch *nichts* bestimmbar. Er ist das Dasein in seiner Unheimlichkeit, das nackte ‚Daß‘ im Nichts der Welt.“
276 28-40 277 1-10 (-11)

NICHTS UND SEIN (Seinkönnen)
„Nichtiger Grund seines nichtigen Entwurfs steht das Dasein in der Möglichkeit seines Seins.“ „Wo sollen die Bedingungen, auf deren Grund das Problem des Nicht und seiner Nichtheit und deren Möglichkeit sich stellen läßt, anders zu finden sein, *als in der thematischen Klärung des Sinnes von Sein überhaupt*?“
187 14-20 (-21) 250 32-35 284 36-38 286 5-10 (-11) 287 1-3 (2-4); 10-11 (11-12)
WdGr 5 Höld 141 Hum 43–44 Holzw 104, 321 EiM 27, 30,

60, 64, 85, 127–128, 155 WhD 43 ZSF 23, 26, 29–33, 38–40 SvGr 109, 191, 193 N I 436, 459–460 N II 42, 50–51, 251, 338 bis 342, 350, 353–355, 360–363, 376–377, 394, 396, 399

Nichts und Welt – § 40
„Das Nichts von Zuhandenheit gründet im ursprünglichsten ‚Etwas', in der *Welt*." „Das Wovor der Angst ist das Nichts, d. h. die Welt als solche."
187 **1-26 (-27)** 276 **28-32; 38-40** 277 **1-4 (-5)** 343 **11-19 (10-)**

Nihilismus
WiMN 40 Hum 33, 36 EiM 18–19, 155 N I 35–36, 108–109, 182–186, 254, 435–438, 442–445 N II 31–34, 38–42, 45–46, 49–50, 52–55, 62–63, 90–92, 96, 98–99, 113, 115, 126, 200, 202, 259–260, 274–283, 292–293, 300–301, 303, 310–311, 313–314, 329, 336–344, 348, 350–356, 360–378, 383–387, 389, 390–395 FD 22

νοεῖν (-διανοεῖν)
25 **38-40 (-41)** 26 **1-5 (-4)** 33 **30-41** 44 **27-30 (29-32)** 58 **39-40 (40-41)** 59 **1-5 (-6)** 61 **26-40 (27-41)** 62 **1-5 (-7)** 96 **21-29 (-30)** 147 **16-21 (19-24)** 171 **5-13** 226 **5-10 (6-11)** 358 **26-36** 363 **32-36**
Vgl. Bisherige Ontologie, Erkennen, Vernehmen
WdGr 41 Holzw 162, 180, 193 Plat 35, 40–43 Hum 20 WhD 119, 124–129, 139, 145–149, 172–174 VA 140, 242–243, 245 N II 227, 295, 320, 450, 474

Objekt(ivierung) – § 69 b
„Die Thematisierung des innerweltlich Vorhandenen ist ein Umschlag des umsichtig entdeckenden Besorgens." „Die Thematisierung zielt auf eine Freigabe des innerweltlich begegnenden Seienden dergestalt, daß es sich einem puren Entdecken ‚entgegenwerfen', d. h. Objekt werden kann. Die Thematisierung objektiviert." „Damit die Thematisierung des Vorhandenen möglich wird, *muß das Dasein* das thematisierte Seiende *transzendieren*. Die Transzendenz besteht nicht in der Objektivierung, sondern diese setzt jene voraus."
156 **4-21 (6-22)** 361 **13-41 (12-)** 362 **1-7 (-6)** 363 **4-19 (3-); 28-31** 365 **39-41 (40-)** 366 **1-3 (-5)** 419 **12-19 (13-21); 27-31 (31-34)**
Vgl. Vorhandenes-Vorhandenheit, Subjekt-Objekt-Beziehung, theoretisches Erkennen, Wissenschaft
Kant 83–84, 87, 101–103, 110–115, 121–122, 132–133, 150–152, 175, 180–181 Hum 19, 35–36, 43 Holzw 81, 85, 101, 103–104, 121, 166, 236, 268, 319, 323, 342 VA 71, 74–75, 84–85, 165, 234–237, 258 WhD 142, 148–149, 155 Gel 19–20 SvGr 45–47, 54, 56,

64–67, 73, 99–100, 115, 126–127, 132–134, 136–141, 147–149, 154, 163, 183 ZSF 22–23, 28 USpr 105–106, 130–133, 139–140, 149 ID 24 N II 138, 168, 170, 180, 195, 296–298, 462–463, 470 FD 81–82, 110, 123–125, 158–159, 167, 184 KT 11, 13, 16–18, 21–22, 24–27, 30–31 WM 258–259, 261, 263, 266, 316, 321

objektiv-subjektiv – siehe subjektiv-objektiv

Offenbaren – siehe Offenheit, Lichtung, Erschlossenheit, Zeigen, Rede, λόγος

Offenheit

„Die Gestimmtheit der Befindlichkeit konstituiert existenzial die Weltoffenheit des Daseins.“ „Das Hören auf ... ist das existenziale Offensein des Daseins als Mitsein für den Anderen. Das Hören konstituiert sogar die primäre und eigentliche Offenheit des Daseins für sein eigenstes Seinkönnen, als Hören der Stimme des Freundes, den jedes Dasein bei sich trägt.“ „Das Dasein ist als zeitliches ekstatisch offen.“

137 **28-29 (30-31)** 163 **20-26** 307 **23-26 (-27)** 350 **27-37 (28-38)** 351 **1-8** 386 **30-35 (31-37)** 391 **39-40 (40-41)** 392 **1-2** 393 **32-35** 408 **4-9 (6-12)**

Vgl. Lichtung, Erschlossenheit, Sorge, Zeitlichkeit

Kant 46, 52, 102, 114–115, 117, 206–207 WdW 11–27 Höld 18, 34–35, 38, 40, 55–57, 59, 61–63, 97–99, 114, 139 Plat 33–34 Hum 22, 35–37, 39 Holzw 33–35, 49–52, 54–64 WiME 14–15 VA 80 WhD 34, 73, 97 Gel 26–28, 39–46, 50, 52, 61 SvGr 146 ZSF 38 ID 22–23 USpr 123, 208, 211, 213 Phil 40 N I 55, 63–64, 80, 212, 528, 552–553, 562 N II 13, 138–140, 157, 216–217, 219, 318, 358, 403, 412, 488, 490 FD 171–172, 188 TK 39 WM 322, 328, 342, 371

ontisch – ontologisch

„Die ontologische Interpretation entwirft vorgegebenes Seiendes auf das ihm eigene Sein.“ „Die Abschilderung des innerweltlichen Seienden ist ontisch, die Interpretation des *Seins* dieses Seienden ontologisch.“ „Die Beschreibung (Untersuchung, Erforschung, Behandlung etc.) bleibt am Seienden haften. Sie ist ontisch. Gesucht wird aber doch (in der Ontologie) das Sein (des Seienden).“ „Die existenzial-ontologische Interpretation ist der ontischen Auslegung gegenüber nicht etwa nur eine theoretisch-ontische Verallgemeinerung. Sie meint nicht ständig auftretende ontische Eigenschaften, sondern eine je schon zugrunde liegende *Seins*verfassung.“

12 3-18 (-19) 13 24-39 (-40) 15 20-33 (22-35) 16 3-7 43 35-40 (36-41) 44 1-6 (-7) 63 11-15 (13-18) 64 3-5 (5-8) 74 35-38 (37-40) 84 9-11 (10-12); 38-40 (39-41) 85 1-15 94 26-37 (27-38) 95 1-2 116 6-10 (5-8); 29-36 (28-35) 120 23-31 (24-32) 135 4-8 179 32-40 (33-41) 180 1-5 181 37-40 182 35-40 (36-41) 184 27-31 (28-32) 185 3-8 (4-9) 199 22-34 (23-35) 200 1-6 221 6-9 (-10) 246 24-35 (26-37) 247 35-40 (36-41) 248 1-3 (-4); 21-24 260 2-8 266 23-38 (-39) 310 21-24 (23-26) 311 12-22 (13-23) 312 3-6; 17-21; 24-37 (-38) 322 8-12 340 23-33 (22-32) 356 36-38 (37-40) 357 1-3 (-2) 382 8-19 (9-22)
Vgl. existenziell – existenzial, Fundamentalontologie (insbes. die Anmerkung), vorontologisch
WdGr 12–15, 32, 42, 50 WM 384

Ontologie, bisherige – §§ 6, 19, 20, 21, 43 a, b, 44 a, 77, 82
„Ontologisches Fragen bleibt aber selbst naiv und undurchsichtig, wenn seine Nachforschungen nach dem Sein des Seienden den Sinn von Sein überhaupt unerörtert lassen.“ „Die antike Ontologie hat zum exemplarischen Boden ihrer Seinsauslegung das innerhalb der Welt begegnende Seiende. Sie bestimmt noch heute die Begrifflichkeit der Philosophie.“
2 31-33 (32-) 3 1-5 (-7) 8 2-7 11 4-29 (3-) 21 35-40 (36-41) 22 1-31 44 27-38 (29-39) 45 1-3 (-4) 63 18-38 (21-40) 64 1-7 (-10) 65 20-37 (22-39) 66 23-30 (24-31) 67 40 (-) 68 1-19 (-20) 89 30-38 (-40) 90 1-3 (-2) 91 34-37 (33-) 92 1-35 (-36) 93–100 101 1-20 (-22) 129 2-8 130 1-14 (-15) 131 34-37 (35-38) 132 9-27 (-28) 147 16-19 (19-23) 154 9-15 (13-19) 155 85-40 (37-41) 156 1-21 (-22) 158 1-21 (-22) 159 1-6 160 16-25 (17-26) 165 15-41 166 1-26 170 34-39 (-40) 171 1-13 183 19-36 201 4-37 (-38) 202–210 212 33-37 (34-38) 213 1-15 214 15-36 (16-38) 215–219 225 20-38 (-39) 226 1-13 (-14) 285 35-40 (-41) 286 1-19 (-20) 293 1-18 (-19) 427 14-28 (19-32) 428–434 435 1-36 (-38) (436 1-3) 437 3-12 (9-18)
Vgl. Metaphysik
Kant 116, 199–202, 216 WdGr 13–16 EiM 31 Holzw 102, 134, 161–164, 169, 178–181, 184–185, 187, 194, 218, 233, 317 Hum 41 VA 74–75 WhD 25, 34, 40, 42, 45, 52, 62–63, 71, 73, 77, 126 bis 129, 135–136, 174 ID 50–58, 66, 68–72 N I 27 N II 208–209, 321, 348–350, 353, 378–379, 469–470 FD 90–92 KT 8–9, 20, 29

Ontologie des Menschen, bisherige
14 3-24 (-25) 21 38-40 (39-41) 22 1-4; 13-23 (14-) 24 25 1-5; 25-29 54 35-38 (-39) 55 1 (-) 58 31-38 (-39) 59 2-24 (3-25) 65 20-37 (22-39) 95 25-33 (26-34) 98 1-10 (3-13); 24-30 (27-33) 114 26-39 (-40) 128 34-40 (35-41) 130 1-14 (-15) 132 9-27 (-28) 147 16-19 (19-23) 165 12-26 201 11-22 (-23) 203 23-36 (22-) 204 8-13 205 8-21 206 1-20 (-21) 207 3-11 (4-12) 208 7-12 (8-13) 209 27-35 (-36) 210 1-12 211 13-20 (-21) 229 16-40 (18-41) (230 1-2) 275 24-35 (23-) 278 5-14 293 1-18 (-19) 311

13-22 (14-23) 315 39-40 (41) 316 1-8 (-9) 317 29-31 (32-34) 318 17-36 (20-) 319
320 1-36 321 1-24 (-26) 373 22-41 374 16-19 387 13-16 (14-17)
Vgl. ζῷον λόγον ἔχον, animal rationale, Subjekt
cf. Existenziale Analytik, Fundamentalontologie

ontologische Differenz – siehe „Sein und Seiendes“

Onto-Theo-Logie
Kant 199 WiME 18 ID 51–53, 55–58, 66, 68–72

ORT
„Die ursprünglichste ‚Wahrheit‘ ist der ‚Ort‘ der Aussage.“
166 27-32 226 13-19 (14-21) 375 18-20 (19-21) 377 15-24 (17-26)
Höld 23, 90, 92, 94, 121, 129, 139–141 Plat 24, 42 Hum 20, 39
VA 68–69, 154–162, 255, 272–273 WhD 22, 48, 53, 110, 117–118, 155, 174–175 SvGr 106, 157, 160, 163 ZSF 30, 32–33, 38, 41–42
USpr 37–39, 52, 67, 70, 75, 105–107, 136–138, 148, 160–161, 163, 190, 214, 258, 261 ID 31, 58–59, 65 N II 357–358, 366, 368, 389–392, 395, 464 TK 41–42 KT 7, 19, 28–31 WM 268

οὐσία, παρουσία
25 16-24 26 2-5 (1-4) 89 37-38 (-40) 90 1-3 (-2)
Vgl. Anwesen, Anwesenheit
Holzw 122, 142, 161, 180, 218, 221, 324, 338 WiME 16 VA 75
Phil 25 N I 28, 459, 604 N II 18, 182, 211, 213, 217, 225–226, 296, 403–407, 409, 411, 429–431, 437, 444, 449–451, 460–463, 470, 473 WM 262, 270, 327, 329–331, 334, 336–337, 340–342, 344, 346, 349, 353, 356–357, 365–367, 369–371

Person
46 15-25 47 2-23 48 1-29 114 33-36 (34-37) 271 38 (38-39) 272 1-3 (-2) 278 10-14
Kant 143, 145 Plat 49 Hum 14, 16, 19 EiM 114 WhD 28, 95

Personalismus
47 2-23 48 1-29 272 A

Personalität
47 5-11 318 22-28 (26-31) 320 A 323 5-12 (8-14)
Kant 153–154, 187

Phänomen – § 7
„Phänomen ist das Sich-an-ihm-selbst-zeigende. Ausdrücklicher Aufweisung bedarf solches, was sich zunächst und zumeist gerade *nicht* zeigt, *verborgen* ist, aber zugleich wesenhaft zu dem, was sich zeigt, gehört, so zwar, daß es seinen Sinn und Grund ausmacht.“

„Was aber in einem ausnehmenden Sinne *verborgen* bleibt oder wieder in die Verdeckung zurückfällt oder nur *‚verstellt'* sich zeigt, ist das *Sein* des Seienden . . . Aus seinem eigensten Sachgehalt her fordert es demnach, Phänomen zu werden, in einem ausgezeichneten Sinne."
(durchzieht das ganze Werk)
37 **12-20 (11-19)**
Vgl. Zeigen, Schein, Verborgenheit
WdGr 18, 23, 37, 40–41 Kant 36, 47, 88, 101, 113, 123–124 EiM 54, 77, 102, 141 USpr 132 N I 206–207 N II 474 FD 150, 152, 166–173, 175–185 KT 21 WM 376, 378, 384

Phänomenologie – § 7
„Philosophie ist universale phänomenologische Ontologie, ausgehend von der Hermeneutik des Daseins, die als Analytik der *Existenz* das Ende des Leitfadens alles philosophischen Fragens dort festgemacht hat, woraus es *entspringt* und wohin es *zurückschlägt*." „*Phänomenologische Wahrheit (Erschlossenheit von Sein) ist veritas transcendentalis.*"
(durchzieht das ganze Werk)
37 **21-34 (20-33)** 38 **15-31 (-33)**
Kant 84, 111 Hum 27, 41 USpr 90–92, 95, 120–122, 129 N II 415 WM 267–268

Philosophie – siehe Ontologie, bisherige, Metaphysik, Phänomenologie
Plat 47–48 Hum 6, 8, 20, 23, 25, 29, 42, 46–47 Holzw 50, 92, 117–118, 121–122, 127, 149–150, 164–165, 179, 182–186, 236–237, 243, 252, 309, 325 SvGr 130 USpr 138–142 Phil 7–21, 23–46 N I 12–13, 24, 26–29, 32–33, 37, 45–46, 55, 108, 166, 194, 259, 268 bis 269, 329, 338, 340, 365, 372–380, 433, 447–470, 479–481, 601 N II 73–77, 99, 132–134, 147, 213, 220–222, 226, 243, 333, 487 FD 1–3, 5–7, 31, 37, 43, 49, 51–53, 75–77, 118 TK 46 KT 5–6, 8–9, 17, 21 WM 255–257, 260–261, 266–269, 271–272, 312, 314, 348, 370

Platz – §§ 22–24, 70
„Der Platz ist je das bestimmte ‚Dort' und ‚Da' des *Hingehörens* eines Zeugs." „So etwas wie Gegend muß zuvor entdeckt sein, soll das Anweisen und Vorfinden von Plätzen einer umsichtig verfügbaren Zeugganzheit möglich werden."
Vgl. Räumlichkeit, Gegend, Einräumen

Praxis
57 14-17 68 15-20 193 30-38 294 18-22 300 30-40
WdW 5–6 Hum 6, 42, 45–46 EiM 36–37 VA 52, 55–56

Praxis-Theorie
59 27-28 69 27-34 193 30-38 300 30-40 316 5-8 320 A
Hum 6, 42, 45–46 N II 358 KT 6

RÄTSEL, GEHEIMNIS, Frag-würdigkeit
„Die Dunkelheiten lassen sich um so weniger abstreifen, als schon die möglichen Dimensionen des angemessenen Fragens nicht entwirrt sind und in allem das *Rätsel* des *Seins* und der *Bewegung* sein Wesen treibt."
4 19-25 127 12-17 148 6-12 (8-14) 334 10-18 371 18-22 389 18-23 (19-24) 392 3-8
Vgl. Sein als Sein, Verborgenheit, Seinsvergessenheit
WiMN 40–41 WdW 19–21, 23 Höld 23–25, 28 Hum 12–13, 21–22 VA 41, 59, 68–70, 119, 225, 229, 241–242, 246–247, 279–281 SvGr 186–188 Gel 26–28, 49 USpr 148–149, 183, 186, 188, 194 bis 195, 197, 220, 229–233, 235–238, 253 ID 18 N I 289–291 N II 370, 372, 377, 383, 390, 397, 407 TK 46 KT 7, 9 WM 268, 270–272

ratio – siehe Vernunft

Räumlichkeit, daseinsmäßige – §§ 22–24, 70
„Das Dasein nimmt – im wörtlichen Verstande – Raum ein. Existierend hat es sich je schon einen Spielraum eingeräumt." „Das Dasein kann, weil es ‚geistig' ist, und nur *deshalb*, in einer Weise räumlich sein, die einem ausgedehnten Körperding wesenhaft unmöglich bleibt."
Vgl. Einräumen, Spielraum, Raum, Zeitlichkeit der daseinsmäßigen Räumlichkeit
VA 154–162, 195 USpr 213–215

Zeitlichkeit der daseinsmäßigen Räumlichkeit – § 70
„Weil das Dasein als Zeitlichkeit in seinem Sein ekstatisch-horizontal ist, kann es faktisch und ständig einen eingeräumten Raum mitnehmen." „Die ekstatische Zeitlichkeit macht gerade die Unabhängigkeit des Raumes von der Zeit verständlich, umgekehrt aber auch die ‚Abhängigkeit' des Daseins vom Raum.
Vgl. Raum, Zeitlichkeit, Gegenwärtigen

Raum – §§ 24, 70
„Die Welt ist nicht im Raum vorhanden; dieser jedoch läßt sich nur innerhalb einer Welt entdecken." „Nur auf dem Grunde der ekstatisch-horizontalen Zeitlichkeit ist der Einbruch des Daseins in den Raum möglich."
110 32-37 111 29-39 (28-) 112 28-37 (-38) 113 1-26 362 1-6 (-5) 367 19-35 (21-36) 369 23-34 (24-36)
Vgl. Räumlichkeit, Weltlichkeit, Raum und Zeit, mathem. Naturwissenschaften
Kant 47–50, 131–133, 181 Holzw 65, 264, 283, 310 Hum 22 VA 154–158 USpr 209–215 N I 347–348 N II 164–165 FD 12–16, 20–24, 68, 155–156, 178–179, 187–188 WM 316, 318

Raum als a priori
111 29-39 (28-)
Kant 47–50, 131–133, 181 FD 153–157

Sein des Raumes
112 28-37 (-38) 113 1-16 369 23-32 (24-33)

Raum und Welt
„Räumlichkeit bzw. Raum ist nur auf dem Grunde von Welt entdeckbar, so zwar, daß der Raum die Welt doch *mit*konstituiert, entsprechend der wesenhaften Räumlichkeit des Daseins selbst hinsichtlich seiner Grundverfassung des In-der-Welt-seins."
111 29-39 (28-) 112 28-33 113 17-26 132 32-34 (34-35) 369 23-40 (24-41)

Raum und Zeit – § 70
„Die Zeitlichkeit des In-der-Welt-seins erweist sich zugleich als Fundament der spezifischen Räumlichkeit des Daseins." „Wenn die Räumlichkeit des Daseins von der Zeitlichkeit im Sinne der existenzialen Fundierung ‚umgriffen' wird, so macht doch gerade die ekstatische Zeitlichkeit der daseinsmäßigen Räumlichkeit die Unabhängigkeit des Raumes von der Zeit verständlich."
367 1-35 (-36) 369 23-40 (24-41) 417 22-32 (25-35) 418 1-14
Vgl. Zeitlichkeit der daseinsmäßigen Räumlichkeit
Kant 181 USpr 209–213 FD 12–13 KT 25, 31

Raum, Thematisierung des reinen Raumes
111 40-41 112 1-27 361 38-41 (37-) 362 1-6 (-5)
Vgl. Theoretisches Erkennen, Wissenschaft, Rechnen
USpr 209–213

Realismus–Idealismus – § 43 a
Kant 71 Holzw 91

Realität – § 43
„Realität hat weder innerhalb der Seinsmodi des innerweltlichen Seienden einen Vorrang, noch kann gar diese Seinsart so etwas wie Welt und Dasein ontologisch angemessen charakterisieren."
201 6-28 (-30) 314 8-13 (9-14) 319 33-34 (-) 320 1-8 (-11)
Vgl. Vorhandenheit, Zuhandenheit, Substanzialität
cf. Existenzialität
Holzw 136–146, 157, 168 VA 173–174 N II 376, 469 FD 165 bis 172, 181, 183–186 KT 6, 10–11, 24–26, 28, 33

Rechnen, rechnendes Denken
„Die Alltäglichkeit nimmt das Dasein als ein Zuhandenes, das besorgt, d. h. verwaltet und verrechnet wird. Das Leben ist ein ‚Geschäft', gleichviel ob es seine Kosten deckt oder nicht." „Die mathematische Erkenntnis gilt als diejenige Erfassungsart von Seiendem, die der sicheren Habe des Seins des in ihr erfaßten Seienden jederzeit gewiß sein kann."
112 2-20 289 21-30 292 14-17 293 8-9; 35-38 (36-39) 294 10-22 (11-24)
Vgl. Theoretisches Erkennen, Vorstellung, Wahrheit als Gewißheit, Technik, mathem. Naturwiss., Alltäglichkeit
cf. Fragen nach dem Sein (besinnliches Denken)
WiMN 43–44 Holzw 73, 80, 100, 210–211, 270, 281–284, 287, 289 Gel 14–15, 18–20, 23, 27, 71 Heb 21, 23–24, 27 Hum 6, 8 VA 58, 70, 75, 80–82, 88, 93–99 WhD 10, 102, 145 SvGr 13–14, 26, 32–33, 40–42, 100, 115, 138, 166–179, 187, 194–203, 206–207, 210 bis 211 ZSF 26 USpr 103–104, 163–165, 173, 178, 190–192, 205, 209–213, 263–264 Phil 24, 29, 43 N I 579–580 N II 21–22, 26, 28, 85–88, 101–103, 108–109, 128, 152–153, 164–165, 169–170, 172–173, 180, 183–185, 192, 202, 230, 233–235, 239–240, 269, 271 bis 272, 293, 300, 309–311, 338–339, 385–387, 419, 468, 487 FD 52, 72–73, 122 TK 39, 45–46 KT 12, 32, 34 WM 260, 312, 354

Rechnen mit der Zeit – siehe Zeitrechnung

REDE – §§ 7 B, 34–35, 55–57, 68 d
„Rede ist das existenzial-ontologische Fundament der Sprache." „Rede ist die Artikulation der Verständlichkeit." „Das Beredete der Rede ist immer in bestimmter Hinsicht ‚angeredet'." „Der Mensch zeigt sich als Seiendes, das redet. Das bedeutet nicht, daß ihm die Möglichkeit der stimmlichen Verlautbarung eignet, sondern daß dieses Seiende ist in der Weise des Entdeckens der Welt und des Daseins

selbst.“ „Das Hören ist für das Reden konstitutiv. Dasselbe existenziale Fundament hat eine andere wesenhafte Möglichkeit des Redens, das Schweigen.“
32 23-29 (24-30) 160 34-39 (-41) 161 5-33 (4-) 163 17-27 165 23-26 271 15-18; 30-34 273 25-38 (22-36)
Vgl. Wort, Sprache, Logos, Sinn, Erschlossenheit, Seinsverständnis, Hören, Schweigen, Zeigen, Dichtung
(Rede, **SAGE:**) Hum 5–6, 42, 45–47 Höld 74, 109, 114, 117, 121, 140 Holzw 61, 195, 229, 251, 254, 287, 291–295, 302, 316, 321, 326, 333–334 VA 70, 137, 190, 211–215, 228, 243–248, 254–255 Heb 10, 12, 16–20, 25 Gel 49 WhD 6–7, 20, 61, 87–89, 122–123, 141, 143, 149, 171 SvGr 107–108, 157, 159, 179 ZSF 25–26, 29, 41–42 USpr 145–148, 151–153, 168, 180, 188–189, 194–203, 206 bis 208, 214–216, 222–223, 228–238, 252–267 ID 50, 55–56, 67, 72 Phil 31, 35–37, 45–46 N II 248–249, 252–253, 258, 482, 484–485 WM 270–271, 349–350, 370

Rede, λόγος als Rede – § 7 B
„Logos als Rede besagt soviel wie δηλοῦν, offenbar machen das, wovon in der Rede ‚die Rede‘ ist.“ „Die Rede ‚läßt sehen‘, von dem selbst her, wovon die Rede ist.“
32 23-33 (24-34) 165 15-30 (-31)
Vgl. Logos, Rede

Rede und Bedeutsamkeit – § 34
„Rede ist die Artikulation der Verständlichkeit.“ „Das in der redenden Artikulation Gegliederte als solches nennen wir das Bedeutungsganze.“ „Das Bedeutungsganze der Verständlichkeit *kommt zu Wort*. Den Bedeutungen wachsen Worte zu.
161 9-20 (8-) 162 35-38 (36-39) 165 12-15 167 33-40 (32-41) 168 1-9 (-7)
Vgl. Erschlossenheit, Verstehen, Bedeutsamkeit, Wort

Rede und Hören – § 34
„Zum redenden Sprechen gehören als Möglichkeiten Hören und Schweigen. An diesen Phänomenen wird die konstitutive Funktion der Rede für die Existenzialität der Existenz erst völlig deutlich.“ „Nur wer schon versteht, kann hören.“ „Das Hören konstituiert sogar die primäre und eigentliche Offenheit des Daseins für sein eigenstes Seinkönnen, als Hören der Stimme des Freundes, den jedes Dasein bei sich trägt.“
163 17-32 165 9-11 271 3-16 (2-); 26-29
Vgl. Hören, Ruf

Rede und Ruf – §§ 55, 56, 58, 60
„Das Rufen fassen wir als Modus der *Rede*. Sie gliedert die Verständlichkeit." „Das Phänomen wird nicht mit einem Ruf verglichen, sondern als Rede aus der für das Dasein konstitutiven Erschlossenheit verstanden." „Das Dasein gibt sich im Anruf sein eigenstes Seinkönnen zu verstehen. Daher ist dieses Rufen ein Schweigen."
271 3-34 (2-) 273 25-40 (22-38) 274 5-19 (3-18) 296 17-22 (18-23)
Vgl. Ruf des Gewissens, Entschlossenheit
WhD 85–86, 136, 148 ZSF 28 USpr 235

Rede und Schweigen – §§ 34, 56
„Nur im echten Reden ist eigentliches Schweigen möglich." „Das Gewissen redet einzig und ständig im Modus des Schweigens." „Der Ruf kommt aus der Lautlosigkeit der Unheimlichkeit und ruft das aufgerufene Dasein als still zu werdendes in die Stille seiner selbst zurück."
161 29-32 164 32-41 165 1-11 273 25-40 (22-) 274 1-7 (-5) 296 14-25 (-26)

Rede und Sprache – §§ 34, 68 d
„Das existenzial-ontologische Fundament der Sprache ist die Rede." „Die Hinausgesprochenheit der Rede ist die Sprache."
161 13-27 162 23-40 (-41) 163 1-16 165 12-15 168 15-17 (13-15) 272 5-9 (4-8)

Relativitätstheorie
9 37-40 (-41) 10 1-3 (-2) 417 37-40 (40-41) 418 28-31 (-32)
Vgl. Wissenschaft, mathem. Naturwiss.
USpr 309 FD 156

Religiös, Religion
313 34-41
Vgl. Christentum, Gott, Götter, Göttliches
Höld 108 Hum 36 Holzw 70 WhD 7 SvGr 58 N I 31
N II 379 TK 46

Ruf (des Gewissens) – §§ 54–60
„Das Dasein ruft im Gewissen sich selbst." „Dem Angerufenen selbst wird ‚nichts' *zu*-gerufen, sondern er ist *auf*gerufen zu ihm selbst." „Gerufen wird aus der Ferne in die Ferne. Vom Ruf getroffen wird, wer zurückgeholt sein will." „Daher ist dieses Rufen ein Schweigen." „Wenn das im Grunde seiner Unheimlichkeit sich befindende Dasein der Rufer des Gewissensrufes wäre?"
269 24-32 271 3-34 (2-) 273 25-40 (22-38) 274 11-19 (9-18) 275 12-13 (12); 19-23 (18-22) 276 28-40 277 1; 23-30 (24-31) 280 23-33 (22-) 287 3-12 (4-14); 33-39 (35-41) 296 14-25 (-26) 300 22-25 (24-27)

Vgl. Gewissen-haben-wollen, Rede, Sorge, eigenstes Seinkönnen
ZSF 28   ID 29, 61   USpr 21–22, 24, 26–30, 32, 235   N I 437
N II 258, 484–485   FD 118

Schein – § 7 A
„Das Seiende ist nicht völlig verborgen, sondern gerade entdeckt, aber zugleich verstellt; es zeigt sich – aber im Modus des Scheins. Imgleichen sinkt das vordem Entdeckte wieder in die Verstelltheit und Verborgenheit zurück.“ „Gerade im unsteten, stimmungsmäßig flackernden Sehen der ‚Welt‘ zeigt sich das Zuhandene in seiner spezifischen Weltlichkeit, die an keinem Tag dieselbe ist.“ „Wieviel Schein jedoch, soviel ‚Sein‘.“
28 **36-39 (35-40)**   29 **1-14 (-12)**   30 **36-39**   138 **6-13 (8-15)**   222 **2-27 (-28)**
Vgl. Phänomen, Verborgenheit, Verstellen, Verdecken
Kant 128, 221   EiM 75–88, 146–147   Holzw 42–43   N I 88, 247, 277, 501, 504   N II 185–186, 317–318, 371   WM 340

Schicksal – §§ 74, 75
„Nur das Freisein *für* den Tod gibt dem Dasein das Ziel schlechthin und stößt die Existenz in ihre Endlichkeit. Die ergriffene Endlichkeit der Existenz reißt zurück und bringt das Dasein in die Einfachheit seines *Schicksals*. Damit bezeichnen wir das in der eigentlichen Erschlossenheit liegende ursprüngliche Geschehen des Daseins, in dem es sich frei für den Tod ihm selbst in einer ererbten, aber gleichwohl gewählten Möglichkeit überliefert.“
384 **1-14**   385 **3-18 (-20)**   386 **27-35 (28-37)**
Vgl. Geschichtlichkeit, Geschehen, Geschick, Vorlaufen, Überliefern, Wiederholen

Schuldigsein(können) – §§ 58–60, 62
„Seiendes, dessen Sein Sorge ist, kann sich nicht nur mit faktischer Schuld beladen, sondern *ist* im Grunde seines Seins schuldig.“ „Die existenziale Idee des ‚schuldig‘ bestimmen wir so: Grundsein für ein durch ein Nicht bestimmtes Sein – d. h. *Grundsein einer Nichtigkeit*.“ „Der vorrufende Rückruf des Gewissens gibt dem Dasein zu verstehen, daß es – nichtiger Grund seines nichtigen Entwurfs in der Möglichkeit seines Seins stehend – aus der Verlorenheit in das Man sich zu ihm selbst zurückholen soll, d. h. *schuldig ist*.“ „Das rechte Hören des Anrufs kommt gleich einem Sichverstehen in seinem eigensten Seinkönnen, d. h. dem Sichentwerfen auf das *eigenste* eigentliche Schuldigwerdenkönnen.“
269 **30-32**   281 **23-28 (21-26)**   283 **25-32 (23-31)**   284 **10-40 (9-41)**   285 **1-27**   287 **5-12 (6-14)**   305 **14-29 (15-30)**   306 **19-31 (20-)**   307 **14-22**   385 **3-10**

Vgl. Sorge, Gewissen, Nichtigkeit. eigenstes Seinkönnen

Schuldigsein und Sorge – §§ 58, 62
„Die Sorge – das Sein des Daseins – besagt als geworfener Entwurf: das (nichtige) Grund-sein einer Nichtigkeit. Und das bedeutet: *Das Dasein ist als solches schuldig*, wenn die Bestimmung der Schuld als Grundsein einer Nichtigkeit zu Recht besteht."

Schweigen – §§ 34, 56, 57, 60
„Das Dasein *ist eigentlich selbst* in der Vereinzelung der verschwiegenen, sich Angst zumutenden Entschlossenheit." „Das Gewissen ruft nur schweigend, d. h. der Ruf kommt aus der Lautlosigkeit der Unheimlichkeit und ruft das aufgerufene Dasein als still zu werdendes in die Stille seiner selbst zurück. Das Dasein versteht daher diese schweigende Rede einzig angemessen in der Verschwiegenheit."
161 **28-32** 164 **32-41** 165 **1-11** 273 **25-40 (22-38)** 277 **4-15 (5-17)** 296 **6-38 (-39)** 297 **1-2 (-3)** 322 **40-41 (-)** 323 **1-5 (-8)**
Vgl. Rede, Gewissen-haben-wollen, vorlaufende Entschlossenheit, eigenstes Seinkönnen, Stille
Hum 30 Höld 66–67 SvGr 91 ID 51, 72 USpr 152, 252, 262, 266 Phil 35 N I 471 N II 252–253

Schweigen und Rede – siehe Rede und Schweigen

SEIN ALS SEIN, Sein überhaupt, Sein als solches, Sein selbst
„Thematischer Gegenstand der Untersuchung ist das Sein des Seienden bzw. der Sinn des Seins überhaupt." „Der λόγος der Phänomenologie des Daseins hat den Charakter des ἑρμηνεύειν, durch das dem zum Dasein selbst gehörigen Seinsverständnis der eigentliche Sinn von Sein und die Grundstrukturen seines eigenen Seins kundgegeben werden." „Die fundamentale Aufgabe der Interpretation von Sein als solchem begreift in sich die Herausarbeitung der Temporalität des Seins."
17 **14-28** 19 **7-11 (-12)** 27 **6-10 (5-9)** 37 **28-32 (-31)** 146 **24-28 (26-30)** 316 **20-24 (21-25)** 333 **26-37 (29-41)** 357 **13-20 (-19)** 366 **35-41** 392 **4-8** 436 **21-25 (27-31)**
Vgl. Sinn von Sein, Frage nach dem Sein, Nichts und Sein
Kant 201–204, 216, 219 Holzw 142, 194, 238–245, 283, 286, 300 bis 303, 310–312, 321, 336–339, 341–343 VA 72–73 Hum 5, 9–10, 13, 18–26, 28, 31, 44–46 Höld 38–40, 127 SvGr 90–94, 96–99, 101–102, 105, 108–110, 119–122, 129, 134, 143, 159, 184–186 ZSF 21, 25–31, 34–35, 38–39, 41, 43 ID 18–34, 38–43, 49–51, 54–61,

62–64, 69–70 USpr 109–110, 122, 127, 191–195, 215–216, 221, 227, 229, 232–233, 237–238, 258–260 Phil 22 N I 26, 80–81, 347, 471, 476, 578, 654, 656–657 N II 12, 20, 28–29, 41, 79, 184, 207, 216–218, 222, 227–228, 240, 245–256, 258, 260, 262, 291–293, 333, 335–341, 345–373, 375–378, 382–398, 401, 458–459, 481–490 FD 33 TK 37–47 KT 7, 17, 35–36 WM 270, 272, 310, 314, 328, 369–371
Das Wort ‚Sein': EiM 40–56 Holzw 308–309, 312–313, 317–320

Sein, überlieferter Begriff des Seins – § 1
2 **19-33 (20-)** 3 4 **1-25** 160 **19-25 (20-26)** 183 **19-24** 201 **6-22 (-23)** 225 **20-32 (-33)** 389 **30-38 (31-39)** 403 **31-39**
Vgl. Sein als Anwesenheit, Sein als Geschaffenheit, Sein als Realität, als Substanzialität, als Vorhandenheit

Sein als Anwesenheit
„Seiendes ist in seinem Sein als ‚Anwesenheit' (παρουσία, οὐσία) gefaßt." (bei den Griechen)
25 **19-24; 38-40 (-41)** 26 **1-5 (-4)**
Kant 121–122, 216–218 Plat 32, 34–35, 38, 40, 42, 46–47 Holzw 319–342 WiME 16 VA 49–53, 56–57, 61–62, 64, 220–222, 225 bis 229, 242–256, 262–263, 265, 276–281 WhD 41–42, 77, 141–145 SvGr 122, 154, 177, 179 ZSF 21, 23, 27–28, 31–35, 38, 40 ID 23 bis 25, 65 USpr 21–22, 126, 132–135, 168–169, 213, 227, 233, 236 bis 237, 245, 250–259, 266–267 N I 28, 71, 160, 195, 199, 204, 207 bis 214, 216–217, 453, 465, 468, 542, 598, 602, 604, 655–656 N II 19, 140, 172, 222, 224, 226, 287, 389, 394, 403–409, 416, 476 FD 65 KT 21, 33, 35 WM 269–270, 272, 336–337, 340

Sein als Geschaffenheit
„Der Seinssinn des ens ist für die mittelalterliche Ontologie fixiert im Verständnis des ens als ens creatum."
24 **38-40 (39-41)** 92 **21-35 (-36)** 93 **1-15**
Holzw 19, 83, 93 N I 213–214 N II 131–132, 163, 166, 434, 471 FD 17–18, 36, 84–85, 91

Sein als Grund – siehe Grund

Sein als Realität – § 43
„Auch wo es um ontologisches Verständnis geht, nimmt die (traditionelle) Seinsauslegung zunächst ihre Orientierung am Sein des innerweltlichen Seienden. Dabei wird das Seiende als vorhandener Dingzusammenhang (res) begriffen. Das *Sein* erhält den Sinn von *Realität*."

201 6-11 (-12) 211 22-24 (23-25)
Vgl. Realität

Sein als Substanzialität – §§ 19–21, 43, 64
„Die Grundbestimmtheit des Seins wird die Substanzialität." (in der traditionellen Ontologie)
114 27-39 (-40)
Vgl. Substanzialität
Hum 18–19

Sein als Vorhandensein – §§ 21, 64
„Bislang verstand die Ontologie das Sein primär im Sinne von Vorhandenheit."
114 29-39 (-40) 115 1-3 (-2) 157 39-40 (40-41) 158 1-21 (-22) 159 1-6 160 16-25 (17-26) 203 23-28 (22-) 206 29-31 (30-33) 211 13-20 (-21) 225 20-29 (-30) 275 31-35 (30-)
Vgl. Vorhandenheit

Sein des Seienden, Sein als
„Weil Sein aber je Sein von Seiendem ist, bedarf es für das Absehen auf eine Freilegung des Seins zuvor einer rechten Beibringung des Seienden selbst."
6 16-38 (-39) 7 1-3 (-2) 8 4-7 9 7 37 12-15 (11-14) 201 6-22 (-23)
Vgl. Sein als Anwesenheit, Sein als Geschaffenheit, Sein als Realität, als Substanzialität, als Vorhandenheit, als transcendens
Kant 115, 200–202, 205–207, 212, 214, 216, 219 Plat 40–44 Holzw 83–86, 134–137, 140–142, 146, 166, 169–176, 179–180, 187, 218, 228, 241–242, 277, 335 Hum 19–22, 26 WiME 7–11 VA 71, 74–78, 81, 227–228, 240–241 WhD 34–36, 40, 44–47, 64, 73–77, 134–136, 141–148, 165–167, 174 SvGr 54, 56, 82, 84–85, 90–95, 97–98, 101–102, 106–115, 118, 121, 123, 129–131, 134–139, 143, 147–153, 179–181, 188, 204 ZSF 16–18, 21, 32–41 ID 16–17, 27–28, 50–51, 54–55, 59–73 USpr 110, 122 Phil 22–27, 31–36, 40, 43, 46 N I 26, 29, 32–33, 37, 44–48, 54, 70–71, 73, 76–78, 120, 154–155, 160, 177, 194–195, 204, 207, 210–213, 223–230, 235–236, 253–254, 257, 263, 277, 305–307, 354–355, 381, 392, 425–426, 452 bis 453, 459–460, 464, 467, 474, 476, 496, 498, 505, 528, 531, 550, 585, 595, 598–599, 601–604, 606, 634, 637, 655–656 N II 7–8, 10, 36–38, 55, 72, 78, 87, 97, 109, 135, 137, 164, 172, 178–179, 181–182, 190, 193, 203–213, 218–220, 222–225, 229–234, 239, 245, 249–252, 257 bis 260, 262, 264, 273, 287–293, 296–304, 321, 323–324, 332–333, 335 bis 339, 344–359, 375, 378, 388, 391, 397–421, 431, 438, 441–453, 458–460, 462, 467–468, 486, 488–489 FD 18, 48–50, 66, 74–75, 77,

80–86, 90–92, 95, 130, 136, 137, 163, 171–172, 185–186   TK 44–45   KT 5–36   WM 258, 260, 262–264, 272   WM 310, 321, 323, 329 bis 337, 340, 342, 346, 349, 351–353, 356–359, 365–371, 373, 376, 379, 381–384, 394

Sein als Einheit der Analogie
3 **9-28 (10-29)**   93 **1-35 (-36)**

Sein als transcendens
3 **16-21 (17-22)**   38 **8-17 (7-)**
Vgl. Transzendenz, transzendental
Holzw 286   Hum 24–25   SvGr 135–136

Sein bei . . . – siehe Sorge als Sein bei . . .

Sein des Da – siehe Da, Sein des

Sein des Daseins – siehe Dasein, Sein des

Sein des Raumes – siehe Raum, Sein des

Sein der Sprache – siehe Sprache, Sein der

Seinsbezug – siehe Bezug

Seinsfrage – siehe Frage nach dem Sein, Fundamentalfrage

Seinsgeschick – siehe Geschick

Seinsgeschichte – siehe Geschichte des Seins

SEINSVERBORGENHEIT

„Was aber in einem ausnehmenden Sinne *verborgen* bleibt, ist nicht dieses oder jenes Seiende, sondern das *Sein* des Seienden.“
35 **20-31 (-32); 37-40 (38-41)**   36 **1-7**   260 **11-15 (12-16)**   312 **3-9**
Vgl. Seinsvergessenheit, Rätsel, Verborgenheit
(Verborgenheit, Verbergung, Entzug, Vorenthalt, Verweigerung:)
Kant 206, 212   Holzw 42–43, 310–311, 322–326   WiME 19, 21   Plat 32–33, 52   Hum 18, 23, 26, 28   Höld 113   VA 46, 59, 63–68, 71, 73, 78, 90–99, 134–139, 220–221, 241   WhD 4–7, 32, 51–52, 55, 58–61, 97–98, 144   SvGr 96–102, 108–115, 120–123, 130–131, 143 bis 146, 149–157, 160, 181–184, 201   ZSF 27, 34   ID 63, 66, 71   USpr 127, 135, 141, 185–186, 193–194, 199–200, 212–214, 231, 237 bis 238, 260   N I 225, 495, 605, 637, 654, 657   N II 12, 19–20, 24–26, 28, 227, 235, 243, 353–362, 365–372, 376–379, 382–391, 393–397, 402, 412, 471, 486–488   FD 82   TK 42, 44–46   WM 272, 328

SEINSVERGESSENHEIT – §§ 1, 6, 7 C, 83

„Die Frage nach dem Sinn von Sein ist heute in Vergessenheit gekommen.“ „Sie hat das Forschen von Plato und Aristoteles in Atem gehalten, um freilich auch von da an zu verstummen.“ „Der *Streit* bezüglich der Interpretation des Seins kann nicht geschlichtet werden, *weil er noch nicht einmal entfacht ist.*“

1 2 7-18 (-19) 21 18-38 (-39) 22 13-18 (14-19) 24 2-6 (-5); 25-32 (26-33); 40 (-) 25 1-5 35 20-40 (-41) 36 1-7 94 6-13 (-14); 32-36 (34-37) 437 19-26 (25-33)

Vgl. Seinsverborgenheit, Vergessen

Kant 210–212 WdW 18–27 EiM 14–15, 19–23, 28–35, 38–39, 47–49, 57–65, 69–71, 89–90, 111, 143–146, 152–155 WiME 8–13, 17–19, 21 Holzw 195–196, 238–247, 310–311, 335–337, 340–343 Hum 12–13, 17–18, 20–21, 25–28, 38, 41 VA 71–72, 77–79, 80, 84, 90–92, 96, 227, 241 WhD 97–98, 143–145, 148–149, 166–167 ZSF 34–35, 40–41 ID 46–47, 65–66, 71 USpr 71, 78, 241 N I 225 bis 230, 495, 637, 654, 657 N II 10, 12–13, 19, 28, 252–256, 260, 402, 462, 467–468, 486–488 TK 40, 42–43

SEINSVERSTÄNDNIS

„Sein aber ‚ist‘ nur im Verstehen des Seienden, zu dessen Sein so etwas wie Seinsverständnis gehört. Sein kann daher unbegriffen sein, aber es ist nie völlig unverstanden. In der ontologischen Problematik wurden von altersher *Sein und Wahrheit* zusammengebracht, wenn nicht gar identifiziert. Darin dokumentiert sich, wenngleich in den ursprünglichen Gründen vielleicht verborgen, der notwendige Zusammenhang von Sein und Verständnis.“ „Sein ist erschlossen im Seinsverständnis, das zum existierenden Dasein gehört. Demnach muß eine ursprüngliche Zeitigungsweise der ekstatischen Zeitlichkeit den ekstatischen Entwurf von Sein überhaupt ermöglichen.“

4 15-25 5 26-40 (27-41) 6 1-13 8 2-10 (-11) 12 10-18 (-19) 13 13-20 14 35-36 (-) 15 1-5 (-7) 16 14-16 (-17) 17 29-38 (-39) 52 38 (39) 53 1-2 85 38-40 (39-41) 86 1-6 (-7); 28-37 (30-39) 87 4-34 (-37) 123 36-40 (37-41) 124 1 147 26-35 (29-38) (148 1-2) 152 9-15 (12-18) 167 35-40 (-41) 168 1-9 (-7) 183 28-36 200 24-38 (25-40) 201 1-28 (-30) 212 4-17 230 1-10 (3-12) 231 19-28 (20-29) 235 10-16 (12-18) 313 27-41 314 5-20 (-21) 315 10-14 (11-15) 316 16-26 (17-27) 324 22-37 (25-39) 325 1-3 (-4) 361 12-41 362 363 1-19 364 4-35 (5-36) 372 10-19 387 13-16 (14-17) 389 30-38 (32-39) 406 1-5 421 16-27 (19-30) 437 27-41 (34-) (438 1-8)

Vgl. Bezug, Verstehen, Erschlossenheit, Lichtung, Offenheit, Wahrheit, Sorge, Sinn, Zeitlichkeit

Kant 128, 204–221 WdGr 13–14, 40–41, 47–50 EiM 22, 57–64, 69–72, 89–90 Hum 17 SvGr 146, 154 N I 577–578 N II 18,

52, 229–232, 235, 240, 246–253, 292, 359   WM 338–339, 342, 359, 383–384

Seinsverständnis und Entwurf
147 26-35 (29-38)   324 22-37 (25-39)   325 1-13 (-15)   362 17-41 (16-)   363 1-10
Vgl. Entwurf, Verstehen
Kant 210–212, 218   N I 263–264, 377, 391–392

Seinsverständnis und Sorge
212 13-17   230 15-28 (18-32)   231 19-31 (20-32)
Vgl. Sorge, Zeitlichkeit
Kant 196, 213–215

Seinsverständnis, **Zeit als Horizont des Seinsverständnisses**
– §§ 65, 68, 69 c, 79, 80, 83
„Die existenzial-ontologische Verfassung der Daseinsganzheit gründet in der Zeitlichkeit. Demnach muß eine ursprüngliche Zeitigungsweise der ekstatischen Zeitlichkeit den ekstatischen Entwurf von Sein ermöglichen.“
1 14-16 (17-19)   17 29-38 (-39)   18 8-40 (-41)   19 1-24 (-26)   23 11-38 (-39)   24 1-15   25 14-24; 38-40 (-41)   26 1-28 (-27)   231 19-28 (20-29)   234 31-41 (32-)   235 1-16 (-18)   303 38-40 (-41)   304 1-30   315 10-14 (11-15); 24-29 (25-30)   316 16-31 (17-33)   324 22-37 (25-39)   325   326 1-28 (-29)   328 26-40 (-41)   329 1-7 (-6); 33-39 (34-41)   330 1-19   331 10-13 (-14)   349 16-18; 32-35   350 17-37 (18-38)   351   356 22-26   357 11-17 (10-16)   363 28-31   364   365   366   406 1-5   408 4-9 (6-12)   419 5-31 (6-35)   435 37-39 (-)   436 1-7 (4-10)   437 27-41 (34-)   (438 1-8)
Vgl. Verstehen, Zeitlichkeit, Sein, Sinn, Sinn von Sein, Lichtung, Offenheit, Wahrheit
Kant ganz, insbes. 216–219   EiM 157   WiME 16–18   VA 142 bis 143   WhD 40–42   N I 28

Sein, **SINN VON SEIN**
„Alle Ontologie, mag sie über ein noch so reiches und fest verklammertes Kategoriensystem verfügen, bleibt im Grunde blind und eine Verkehrung ihrer eigensten Absicht, wenn sie nicht zuvor den Sinn von Sein zureichend geklärt und diese Aufgabe als ihre Fundamentalaufgabe begriffen hat.“ „Und wenn wir nach dem Sinn von Sein fragen, dann wird die Untersuchung nicht tiefsinnig und ergrübelt nichts, was hinter dem Sein steht, sondern fragt nach ihm selbst, *sofern es in die Verständlichkeit des Daseins hereinsteht.*“ „Demnach muß eine ursprüngliche Zeitigungsweise der ekstatischen Zeitlichkeit den ekstatischen Entwurf von Sein ermöglichen. Führt ein Weg von

der ursprünglichen *Zeit* zum Sinn des *Seins?* Offenbart sich die *Zeit* selbst als Horizont des Seins?" („Sinn von Sein" heißt: Entwurfsbereich des Seins, Wahrheit des Seins; vgl. Wahrheit (Sein) als Unverborgenheit, Wahrheit und Sein.)
1 2 3 1-8 (-9) 4 19-36 17 14-38 (-39) 18 8-40 (-41) 19 1-29 (-31) 26 29-38 (28-) 27 1 (-) 35 26-31 (27-32) 37 12-39 (11-) 39 1-32 (-33) 86 28-37 (30-39) 146 23-28 (25-30) 152 9-15 (12-18) 183 10-40 (-41) 196 14-29 (-30) 200 9-38 (-40) 201 1-30 (-32) 211 30-39 (31-40) 212 1-31 (-32) 213 20-34 (-36) 226 20-30 (22-33) 228 14-26 (-28) 230 1-33 (3-37) 231 6-28 (-29) 234 31-33 (32-35) 235 10-16 (12-18) 286 5-10 (-11) 303 38-40 (-41) 304 1-16 314 5-18 (-19) 316 16-31 (17-33) 323 29-36 (34-40) 324 325 326 1-28 (-29) 327 8-22; 34-38 (-39) 328 329 1-7 (-6); 18-39 (-41) 330 1-19 332 29-31 (31-33) 333 22-37 (25-41) 357 11-17 (10-16) 371 41 372 1-23 392 3-8 406 1-5 419 5-33 (6-35) 420 1-7 (-9) 435 37-39 (-) 436 1-37 (4-38) 437 (438 1-8)
Vgl. Frage nach dem Sein, Sinn, Seinsverständnis, Zeitlichkeit, Existenz, Transzendenz, Offenheit, Lichtung, Wahrheit des Seins, Sein als Sein
Kant 201–204, 216, 219 EiM 63–64 WdW 25–26 Hum 25 WiME 17 VA 66–67 USpr 109–110 Phil 26–27 N I 26, 550, 609 N II 20, 52, 169, 212, 223, 347, 389–390, 396, 399–415, 417 bis 420, 450, 453, 458, 462, 468–471, 473–474, 478 FD 18, 48–49, 80, 100–101 KT 12, 16, 21 WM 258, 262, 268–270, 272, 331, 336 bis 337, 340

Sein und Schein
222 21-27 (22-28)
EiM 75–88, 146

SEIN UND SEIENDES (UNTERSCHIED)

„Das Sein als Grundthema der Philosophie ist keine Gattung eines Seienden, und doch betrifft es jedes Seiende. Seine ‚Universalität' ist höher zu suchen. Sein und Seinsstruktur liegen über jedes Seiende und jede mögliche seiende Bestimmtheit eines Seienden hinaus. *Sein ist das transcendens schlechthin.*" „In der Erschließung und Explikation des Seins ist das Seiende jeweils das Vor- und Mitthematische, im eigentlichen Thema steht das Sein."
4 9-13 6 16-29 7 38-41 8 1-7 27 6-12 (5-) 38 8-17 (7-) 39 1-4 67 9-20 (10-21) 94 8-37 (9-38) 95 1-2 152 9-15 (12-18) 196 15-20 (16-) 207 21-30 (22-31) 208 3-6 (4-7) 230 5-10 (7-12) 315 24-28 (25-29)
Vgl. Sinn von Sein, Sein als Sein, Fundamentalontologie
(Unterschied, Differenz, Zwiefalt:) Kant 212 WdGr ganz, insbes. 15–16, 39–42, 51 WdW 26 Holzw 41–42, 161–163, 223, 317, 333

bis 340, 343   Höld 38   WiMN 41   VA 72, 74, 77–78, 90, 227–229, 239–243, 245–256   Hum 12, 22–23, 26, 43   WhD 57, 134–149, 174–175   SvGr 111–113, 134–135, 185, 204–205   ZSF 16, 36–40   ID 10, 43, 46–47, 54–73   USpr 24–32, 118, 122, 125–127, 130, 135 bis 136, 143, 153   Phil 22   N I 476–478, 495, 604, 654, 657   N II 10–11, 205–213, 216–220, 222–230, 240–257, 262, 337–338, 345 bis 365, 373, 375–379, 382–385, 387–391, 394–396, 398, 407, 409 bis 411, 421, 458–459, 462, 471, 473, 475–476, 481–482, 485–489   KT 35–36   WM 310–311, 314, 342

Sein und Nichts – siehe Nichts und Sein, Nichts

Sein und Sollen
EiM 149–154

Sein und Sprache – siehe Sprache und Sein

SEIN UND WAHRHEIT – §§ 28, 44
„Das Phänomen der Wahrheit ist mit dem Seinsproblem so eng verknüpft, daß die vorliegende Untersuchung in ihrem weiteren Gang notwendig auf das Wahrheitsproblem stößt; sie steht sogar schon, obzwar unausdrücklich, in seiner Dimension.“ „In der ontologischen Problematik wurden von altersher *Sein und Wahrheit* zusammengebracht, wenn nicht gar identifiziert. Darin dokumentiert sich, wenngleich in den ursprünglichen Gründen vielleicht verborgen, der notwendige Zusammenhang von Sein und Verständnis.“ „Sein ‚gibt es‘ nur, sofern Wahrheit ist. Und sie *ist* nur, sofern und solange Dasein ist. Sein und Wahrheit ‚sind‘ gleichursprünglich.“
154 **15-18 (19-22)**   183 **29-40 (28-41)**   212 **33-37 (34-39)**   213   230 **1-7 (3-9)**   316 **20-31 (21-33)**
Vgl. Unverborgenheit, Seinsverständnis, In-der-Welt-sein, Da, Erschlossenheit, Lichtung, Offenheit, Wahrheit, Sein als Sein
Kant 115, 202   WdGr 40   WdW 23, 26   WiME 14   Hum 12 bis 13, 20, 26   Holzw 142, 322   SvGr 120–121   N I 81, 88, 212, 230–231, 656–657   N II 11–12, 20, 184, 257–258, 352, 355–358, 398, 425–426, 435, 441–442, 444, 448–449, 454, 460, 468, 481–483, 485–486, 489–490   WM 272

Sein und Werden
145 **36-41 (37-)**   243 **10-11 (9-); 25-41**   244 **1-5**
EiM 71–75, 87–88, 148–149, 152, 154   N I 27, 30, 156, 201–202, 251, 253, 277, 301, 408, 465–468, 549   N II 12, 14, 17–19, 184, 190, 232, 269–271, 287–288, 327, 339

Sein und Wort – siehe Wort und Sein

SEIN UND ZEIT – §§ 5, 6, 83
„Führt ein Weg von der ursprünglichen *Zeit* zum Sinn des *Seins*? Offenbart sich die *Zeit* selbst als Horizont des *Seins*?"
17 29-40 (-41) 18 19 1-24 (-26) 23 11-38 (-39) 24 1-15 25 14-40 (-41) 26 1-28 (-27) 437 27-41 (34-) (438 1-8)
Vgl. Seinsverständnis, Zeit als Horizont des Seinsverständnisses
Kant 216–219 EiM 157 WiME 15–17 Holzw 142, 283, 311 VA 142–143 WhD 40–42 SvGr 129–130, 158, 187 USpr 213 bis 214 N II 219, 252 KT 36

Seinkönnen, eigenstes – §§ 53, 58, 60, 62, 74
„Mit dem Tod steht sich das Dasein in seinem *eigensten* Seinkönnen bevor. Der Tod enthüllt sich als die *eigenste, unbezügliche, unüberholbare Möglichkeit.*" „Auf eigenstes Seinkönnen sich entwerfen aber besagt: sich selbst verstehen können im Sein des so enthüllten Seienden: existieren. Das Vorlaufen erweist sich als Möglichkeit des Verstehens des *eigensten* äußersten Seinkönnens, d. h. als Möglichkeit *eigentlicher Existenz.*" „In-sich-handeln-lassen des eigensten Selbst aus ihm selbst in seinem Schuldigsein repräsentiert das im Dasein selbst bezeugte eigentliche Seinkönnen."
250 29-40 (-41) 251 1-6 262 39-40 (-) 263 1-3 (-5); 13-38 (15-39) 264 1-27 (-28) 287 26-39 (28-41) 288 1-21 (-22); 31-33 289 12-15 295 17-38 (19-40) 296 1-25 (-26); 34-38 (35-39) 297 1-2 (-3); 28-36 (30-39) 298 1-19 (-20) 307 1-22 330 12-19 343 25-29 (24-28) 384 1-28 (-30)
Vgl. Eigentliche Existenz, Sein zum Tode, vorlaufende Entschlossenheit, Angst, Gewissen-haben-wollen, Schuldigsein

Seinkönnen (-Möglichkeit) – §§ 31, 41, 53–54, 56–58, 60, 62, 64, 68 a, b, 74
„Dasein ist nicht ein Vorhandenes, das als Zugabe noch besitzt, etwas zu können, sondern es ist primär Möglichsein. Dasein ist je das, was es sein kann und wie es seine Möglichkeit ist." „Das Dasein ist die Möglichkeit des Freiseins *für* das eigenste Seinkönnen." „Das Dasein ist in der Weise, daß es je verstanden bzw. nicht verstanden hat, so oder so zu sein." „Die Erschlossenheit der Möglichkeit gründet in der vorlaufenden Ermöglichung."
38 29-31 (31-33) 42 16-19 (-20); 30-40 (31-41) 43 21-26 (22-27) 86 13-37 (15-39) 122 15-21 (16-23) 127 17-19 143 21-38 (-39) 144 145 146 1-22 (-24) 147 26-33 (29-36) 148 1-6 (3-8); 18-31 (20-30) 162 32-34 (-35) 167 12-21 (-20); 33-40 (32-) 168 1 170 8-17 (7-16) 173 25-29 174 28-30 175 32-34 (33-35) 176 6-10 178 34-37 (35-38) 181 4-19 (3-) 187 27-40 (28-41) 188 1-18 (-20) 191 29-38 (31-40) 192 1-4 (-5) 193 16-29 (-30) 194 21-41 195 1-7 221 24-34 (26-37) 236 8-15 248 4-6 (-7); 26-30

250 29-40 (-41) 251 1-34 252 11-15 (13-16) 258 39-40 (-41) 259 1-2 260 5-8 261 34-38 (36-41) 262 13-40 (15-41) 263 264 1-36 (-37) 266 268 13-26 (14-28) 270 25-36 (26-37) 273 25-34 (23-32) 274 16-19 (15-18) 275 12-23 (-22) 276 22-34 (21-) 277 1-38 (-39) 280 5-35 (4-34) 284 10-33 (9-32) 285 6-18 (5-17) 286 41 (-) 287 1-39 (-41) 294 24-34 (26-36) 295 17-36 (19-38) 297 25-36 (27-39) 298 1-31 (-33) 306 2-31 (3-) 309 10-18 (-19) 310 4-18 (5-19) 313 6-13 325 4-33 (5-36) 330 12-19 336 11-28 337 13-21 (12-20) 339 1-18 (-19) 343 25-41 (24-) 344 14-35 (-37) 348 7-9 383 384 1-14 385 11-35 (-37) 386 1-5 394 18-37 (-38) 395 11-15 (-14) 396 33-36 (-35)
Vgl. Existenz, Möglichkeit, Sorge (sich-vorweg), Zeitlichkeit
Kant 109–110, 124, 129, 184–185, 211 Hum 7–8 WhD 1, 51, 60, 86 USpr 160–161, 165, 174, 199, 214

Selbst – §§ 25, 40–41, 53–58, 64
„Die Entschlossenheit löst als eigentliches Selbstsein das Dasein nicht von seiner Welt ab. Aus dem Worumwillen des selbstgewählten Seinkönnens gibt sich das entschlossene Dasein frei für seine Welt.“ „Das eigentliche Selbstsein ist eine existenzielle Modifikation des Man als eines wesenhaften Existenzials.“
12 25-31 (27-33) 115 37-40 (-41) 116 1 (-) 130 18-24 (20-26) 188 18-23 (20-25) 263 13-38 (15-39) 264 1-2 (-3) 266 13-23 267 28-36 (29-37) 268 8-26 (-28) 271 1-16 273 1-34 (-32) 295 25-27 (27-30) 298 4-11 (-12) 303 28-37 318 1-13 (3-16) 322 29-41 323 1-34 (-40) 332 16-30 (17-32) 374 20-41 375 1-17 (-18) 390 24-40 (-41) 391 1-24 (-25) 410 19-32 (22-36)
Vgl. Jemeinigkeit, Eigentlichkeit, eigenstes Seinkönnen, Sorge, Gewissen-haben-wollen, Schuldigsein, Freisein, Sein zum Tode
cf. Man(-Selbst), Flucht, Verfallen, Selbstverlorenheit
Kant 138, 142–143, 145, 170–175, 182 WdGr 19–20, 37–54 EiM 110 WiME 15 N I 275–276, 398–399 N II 137–140, 155, 164, 172, 203–204, 208 WM 317

Selbständigkeit – §§ 64, 72, 75
„Die Entschlossenheit des Selbst gegen die Unständigkeit der Zerstreuung ist in sich selbst die *erstreckte Stätigkeit*, in der das Dasein als Schicksal Geburt und Tod und ihr ‚Zwischen‘ in seine Existenz ‚einbezogen‘ hält, so zwar, daß es in solcher Ständigkeit augenblicklich ist für das Welt-Geschichtliche seiner jeweiligen Situation.“
303 28-37 308 8-15 (9-16) 322 29-39 (-41) 323 13-34 (15-40) 332 16-30 (17-32) 339 1-7 374 20-41 375 1-17 (-18) 390 24-40 (-41) 391 1-24 (-25) 410 23-32 (26-36)
Vgl. Sorge, Eigentlichkeit, Erstreckung, vorlaufende Entschlossenheit, Geschichtlichkeit
cf. Selbstverlorenheit, entspringendes Gegenwärtigen

„Selbsterkenntnis"
119 9-14 (-15) 144 17-22 146 28-41 (30-40) (147 1-3)

Selbstverlorenheit (-vergessenheit) – §§ 25, 27, 38
„Verloren haben kann das Dasein sich nur und noch nicht sich gewonnen haben kann es nur, sofern es seinem Wesen nach mögliches eigentliches ist."
42 35-40 (36-41) 115 37-40 (-41) 116 1-15 (-14) 125 36-40 (37-41) 128 5-17 129 14-40 (-41) 175 30-37 (31-38) 176 1-18 179 11-16 189 7-15 193 19-29 (-30) 268 1-23 (-25) 274 26-27 (25-26) 277 28-30 (29-31) 279 30-36 (29-) 292 1-9 297 25-33 (27-35) 299 5-11 (6-) 322 1-24 339 7-32 (-33) 342 4-25 (-26) 390 1-33 (2-34) 410 17-22 (20-26) 424 25-32 (29-36)
Vgl. Vergessen, Man, Verfallen, Uneigentlichkeit

Selbstsein und Sorge – siehe Sorge und Selbstsein

Selbstverständnis (Daseinsverständnis)
„Existierend Seiendes sichtet ‚sich' nur, sofern es sich gleichursprünglich in seinem Sein bei der Welt und im Mitsein mit Anderen als der konstitutiven Momente seiner Existenz durchsichtig geworden ist." „Das Dasein hat gemäß einer zu ihm gehörigen Seinsart die Tendenz, das eigene Sein aus *dem* Seienden her zu verstehen, zu dem es sich wesenhaft ständig verhält, aus der ‚Welt'. Im Dasein selbst und damit in seinem eigenen Selbstverständnis liegt das, was wir als die ontologische Rückstrahlung des Weltverständnisses auf die Daseinsauslegung aufweisen werden."
12 3-24 (-26) 15 27-37 (29-39) 16 1-7 146 4-9; 23-38 (25-40) 167 33-40 (32-41) 168 1-9 (-7) 222 30-36 (32-37) 289 21-30 304 13-16 321 25-32 (27-34) 325 4-10 (5-11) 364 27-35 (28-36) 369 26-40 (27-41) 387 30-38 (33-41) 388 1-16 (-17)
Vgl. Seinsverständnis, Entfremdung, Subjekt, bisherige Ontologie des Menschen

Sicht – §§ 31, 36, 69 b
„Der Ausdruck ‚Sicht' entspricht der Gelichtetheit, als welche wir die Erschlossenheit des Da charakterisierten." „Die mit der Erschlossenheit des Da existenzial seiende Sicht *ist* das Dasein gleichursprünglich nach den Grundweisen seines Seins als Umsicht des Besorgens, als Rücksicht der Fürsorge, als Sicht auf das Sein als solches, umwillen dessen das Dasein ist, wie es ist."
69 21-32 (23-33) 146 23-41 (25-40) 147 1-25 (-28) 148 1-9 (3-10); 32-36 (34-38) 170 23-38 (21-)
Vgl. Erschlossenheit, Lichtung, Verstehen, Seinsverständnis, Umsicht
Plat 34–36, 38 N II 217, 224–226, 352

Sinn – §§ 32, 65
„Sinn ist der Entwurfsbereich, worin sich die Verständlichkeit von etwas hält." „Sinn ist ein Existenzial des Daseins und muß aus der dem Verstehen zugehörigen *Erschlossenheit* begriffen werden." „Streng genommen bedeutet Sinn das Woraufhin des primären Entwurfs des *Verstehens von Sein.*" „‚Grund' wird nur als Sinn zugänglich."
1 151 17-40 (18-41) 152 1-15 (-18) 153 28-30 (34-36); 36-38 (-) (154 2-4) 156 22-27 (24-28) 161 5-10 (4-) 323 35-36 (-) 324 325 1-13 (-15)
Vgl. Erschlossenheit, Lichtung, Offenheit, Wahrheit, Entwurf, Verstehen, Sinn von Sein
EiM 64 WiME 17 VA 68 Gel 15–16, 19, 25–26 SvGr 110 N II 20–21, 23–24

Sinn von Sein – siehe Sein, Sinn von Sein

Sinne
„Es gilt, den fundierten Charakter alles sinnlichen und verstandesmäßigen Vernehmens zu sehen und es als eine Möglichkeit des In-der-Welt-seins zu verstehen." „Nur weil die Sinne einem Seienden zugehören, das die Seinsart des befindlichen In-der-Welt-seins hat, können sie ‚gerührt' werden und ‚Sinn haben für', so daß das Rührende sich in der Affektion zeigt." „Das akustische Vernehmen gründet im Hören."
96 26-29 (-30) 97 8-12 (9-13); 36-38 (37-) 98 1-8 (-10) 107 5-7 (7-9) 137 20-37 (22-39) 147 6-9 (9-13) 346 1-8
Vgl. Empfindung, Hören, Erschlossenheit
VA 214–215 WhD 88–89 SvGr 85–89 USpr 101–103 N I 230 bis 232, 235–236, 241–242 N II 23, 223–224, 273, 302 FD 87–88, 112, 171 KT 16, 20 WM 381

SORGE – §§ 39–45, 57, 63–65
„Das Sein des Daseins enthüllt sich als die Sorge." „Sorge ist die Einheit von Existenzialität, Faktizität und Verfallensein." „Sorge besagt: Sich-vorweg-sein – im Schon-sein-in-der-Welt – als Sein-bei innerweltlich begegnendem Seienden." „Zeitlichkeit ist der Sinn der Sorge."
57 10-24 (11-25) 121 12-22 (13-23) 122 18-21 (20-23) 191 29-38 (31-40) 192 196 14-22 230 25-28 (29-32) 234 25-33 (26-35) 252 5-8 (6-9) 277 33-38 (34-39) 278 1-2 285 19-27 (18-) 286 20-23 (21-24); 36-41 (37-) 287 1-12 (-14) 301 1-2 (2-4) 306 19-31 (20-) 316 33-35 (35-37) 317 1-4 (-5) 326 17-25 (18-26) 327 8-38 (-39) 328 1-38 329 33-38 (34-40) 374 30-38 (-39) 376 12-21

Vgl. Sich-vorweg-sein, Sein bei ..., Seinkönnen-Möglichkeit, Erschlossenheit, Worumwillen, Bezug, Zeitlichkeit, Geschichtlichkeit, Angst, Sein zum Tode, Ruf, Schuldigsein, Besorgen, Fürsorge (Sorge, Hirt, Hüten, Warten, Wächterschaft:) Kant 196, 213–216 EiM 22 Höld 25, 27–28 Hum 19, 29, 35 Holzw 321, 332 WiMN 44–46 VA 53, 97–98, 183 Gel 44–46, 49–53, 56, 59, 63, 66, 68–69, 72–73 SvGr 209 ID 32 N I 192, 475, 479 N II 9, 29, 482 TK 41

Sorge als *Einheit* von Existenzialität, Faktizität, Verfallen – § 41
„Die Sorge charakterisiert nicht etwa nur Existenzialität abgelöst von Faktizität und Verfallen, sondern umgreift die Einheit dieser Seinsbestimmungen."
192 5-40 (-41) 193 6-8 231 15-18 (-19) 252 5-8 (6-9) 291 4-6 (3-) 316 33-35 (35-37) 317 1-4 (-5)
Vgl. Existenzialität (Sich-vorweg), Faktizität (Schon-sein-in), Verfallen (Sein bei ...)

Sorge als Sich-vorweg-sein (Existenzialität) – § 41
191 29-38 (31-40) 192 1-9 (-10) 193 11-29 (-30) 228 3-23 (-24) 236 8-16 (-17) 251 1-6; 22-24 (23-25) 259 14-17 (-19) 291 4-6 (3-) 315 7-14 (-15) 317 10-19 (11-21) 327 34-38 (-39) 337 2-6 (1-5) 406 15-21 (16-22)
Vgl. Existenz, Entwurf, Worumwillen, Zukunft, Vorlaufen, Gewärtigen, Seinkönnen

Sorge als Schon-sein-in-einer-Welt (Faktizität) – § 41
192 5-27 (6-28) 328 1-16
Vgl. Faktizität, Geworfenheit, geworfener Entwurf, Befindlichkeit, Schuldigsein, Gewesenheit

Sorge als Sein bei ... (Verfallen) – § 41
54 33-34 (-35) 55 12-13 (11-12) 141 21-27 (20-) 146 35-38 (37-40) 164 1-16 172 4-24 175 29-36 (30-37) 181 11-19 (10-) 192 25-40 (26-41) 193 1-8 195 25-35 221 13-18 (14-20) 252 1-5 (-6) 328 17-28 352 6-13 (7-14) 354 1-15 (2-16)
Vgl. Verfallen, Besorgen, Vergessen, Gegenwärtigen, In-Sein

Sorge als Erschlossenheit, Seinsverständnis
212 13-17 221 13-15 (14-16) 230 15-28 (18-32) 231 6-11; 19-31 (20-32) 301 1-2 (2-4) 306 19-31 (20-) 317 15-19 (16-21) 327 8-12 350 27-37 (28-38) 351 1-8
Vgl. Erschlossenheit, Seinsverständnis, Zeitlichkeit

Sorge als Gewissensruf – siehe Ruf, Gewissen – §§ 57–58

Sorge als Schuldigsein – siehe Schuldigsein und Sorge

Sorge als Sein zum Tode
251 1-6 252 1-8 (-9) 306 19-31 (20-) 329 33-38 (34-40) 390 29-40 (30-41) 391 1-8 (-9)
Vgl. Tod, Sein zum Tode, Vorlaufen

Sorge als Selbstsein – § 64
303 28-37 318 8-13 (10-16) 322 29-31 323 13-20 (15-24)
Vgl. Selbst, Selbständigkeit

Sorge als Sein des Zwischen – siehe Zwischen

Sorge und Nichtigkeit – siehe Nichtigkeit und Sorge

Sorge, Zeitlichkeit als Sinn der Sorge – § 65
234 31-39 (32-40) 324 19-21 (21-24) 326 24-25 (25-26) 327 18-38 (-39) 328 1-30
350 1-12 (-13) 351 2-22
Vgl. Zeitlichkeit, Sinn

Spielraum
„Existierend hat sich das Dasein je schon einen Spielraum eingeräumt.“ „Der Entwurf ist die existenziale Seinsverfassung des Spielraums des faktischen Seinkönnens.“
145 15-18 355 35-37 (-38) 368 4-8 (-9) 369 7-11 (-12)
Vgl. Welt, In-der-Welt-sein, Zeitlichkeit des In-der-Welt-seins, daseinsmäßige Räumlichkeit, Einräumen, Transzendenz
(Spielraum, Zeit-Spielraum:) Kant 70, 75, 82, 180 Plat 20 Höld 18, 74, 82, 90, 94 WhD 89–90, 93, 102, 158 SvGr 109, 129–130, 143, 146, 158 Holzw 49, 61, 103, 177, 194, 281, 283 USpr 214 bis 215, 258
(Spiel:) VA 178–181 WhD 83–84, 87 SvGr 60–61, 186–188 ZSF 42 ID 64 USpr 153, 214–215, 235 Höld 42 Holzw 42, 154, 258, 260, 321 N II 380–381, 386 TK 43 WM 255–256, 267 bis 269, 271

SPRACHE – §§ 34, 35, 68 d
„Das existenzial-ontologische Fundament der Sprache ist die Rede.“ „Weil für das Sein des Da die Rede konstitutiv ist, Dasein aber besagt: In-der-Welt-sein, hat das Dasein als redendes In-Sein sich schon ausgesprochen. Das Dasein hat Sprache.“ „Am Ende muß sich die Philosophie einmal entschließen zu fragen, welche Seinsart der Sprache überhaupt zukommt.“
38 32-33 (34-35) 39 1-13 (-14) 87 27-31 (30-34) 160 36-39 (37-41) 161 13-30 165 12-41
166 1-32 349 5-35 369 32-40 (33-41) 406 21-26 (22-27)
Vgl. Rede, Logos, Wort, Grammatik, Mitteilung, Gerede, Bedeutsamkeit, Erschlossenheit, Dichtung, Zeigen

EiM 62–63, 67 WiMN 46 Holzw 60–61, 253, 286–287, 302–303, 336–338, 342 Höld 31–45, 74 Hum 5, 8–10, 13, 16, 21–22, 45–47 VA 64, 146–148, 190, 211–213, 227–229, 245 WhD 6, 8, 23, 45, 51–52, 61–62, 71, 83–89, 98–100, 114, 122–123, 141–143, 149, 153 bis 154, 168–172 SvGr 15, 32–33, 39–40, 47–48, 57, 64, 89–90, 130, 147, 156, 158–159, 161–164, 176, 203–204 ZSF 15, 22–23, 25–26, 29, 43–44 ID 15, 30, 32, 67, 72–73 USpr ganz Phil 20, 44–46 N I 168–170, 172, 200, 278, 363–364, 471 N II 73–74, 337, 354, 359 FD 18–19, 82 TK 40 KT 32, 35 WM 268–269, 271, 331, 348 bis 349, 350

Sprache, Sein der Sprache
161 13-20 166 12-26 168 9-14 (7-12)
USpr 157–216

Sprache und Sein
Holzw 286 Hum 5, 8, 16, 21–22, 30, 45–47 SvGr 130, 147, 161 USpr 30, 168–170, 185–188, 191–194, 216, 221, 227, 229, 233, 237 bis 238, 267 Höld 38–40 N II 44, 412 KT 35

Sprache und Bedeutsamkeit – siehe Bedeutsamkeit und Sprache

Sprache und Rede – siehe Rede und Sprache

Sprache als Ausgesprochenheit
162 23-29 (-30) 167 33-40 (32-41) 168 1-35 (-34) 223 29-31 (30-34) 224 1-21 (-19)

Sprechen als Mitteilung – siehe Mitteilung

Sprung
315 35-39 (36-41) 344 8-13
(Sprung, ‚Satz‘:) Holzw 63–64, 303 VA 134 WhD 48, 52, 140 bis 141 SvGr 95–96, 103, 106–108, 119, 129, 134, 150–151, 157–160, 185 ID 24–25, 32–34 N I 289, 290, 392 FD 118, 188–189

Stätigkeit – siehe Selbständigkeit

Sterben – siehe Tod, Sein zum Tode

Stille
296 17-25 (18-26) 394 33-37 (34-38)
Vgl. Schweigen
Holzw 342 Höld 65–66, 69 SvGr 39, 208–209 USpr 26, 29–33, 112, 141–143, 150, 213–216, 252, 255, 262 N I 475 N II 396 TK 47

Stimmung – siehe Befindlichkeit

Subjekt (Subjektivität) – §§ 13, 25, 43 a, 64

„Die Klärung des In-der-Welt-seins zeigt, daß nicht zunächst ‚ist‘ und auch nie gegeben ist ein bloßes Subjekt ohne Welt.“ „Der Ansatz eines zunächst gegebenen Subjekts verfehlt das Sein des Daseins von Grund aus.“ „Denn der ontologische Begriff des Subjekts charakterisiert nicht die Selbstheit des Ich qua Selbst, sondern die Selbigkeit und Beständigkeit eines immer schon Vorhandenen.“

22 13-23 (14-) 24 2-8 (-7) 46 7-25 60 2-40 (1-39) 62 3-37 (5-41) 109 5-14 (6-16) 111 29-39 (28-) 112 35-37 (-38) 113 1-4 114 26-39 (-40) 116 19-22 (18-21) 119 1-14 (-15) 132 1-27 (-28) 179 16-21 (17-22) 188 18-23 (20-25) 204 8-34 (-35) 206 1-37 (-38) 208 7-12 (8-13) 229 16-35 (18-38) 278 5-14 315 39-40 (41) 316 1-8 (-9) 318 17-36 (20-) 319 320 321 323 5-12 (8-14) 366 12-31 (13-) 388 14-25 (15-26)

Vgl. Subjekt-Objekt-Beziehung, subjektiv-objektiv, Objekt, Substanz, bisherige Ontologie des Menschen

cf. In-der-Welt-sein, Existenzialität, Zeitlichkeit, Mitsein, Wesen des Menschen

Kant 151–152, 155–157, 170–172, 177, 186 WdGr 38, 42 Plat 51 Hum 17, 19–20, 27–29, 32, 35–36, 43–44 Holzw 84–86, 91–103, 176–177, 220, 224–228, 236–237 WhD 145 VA 74–77, 84–85, 91, 258 ZSF 16–18, 25, 28 SvGr 44–48, 53–54, 56, 59, 65, 80, 99, 126 bis 127, 131–141, 146–149, 169, 196 ID 24 USpr 129–130, 133, 139–141, 248–249 Phil 41 N I 99, 144–145, 505, 584, 654–655 N II 24–26, 61–62, 91, 111, 126–130, 133–135, 137–138, 140–146, 148, 153–155, 162–163, 166–172, 174–176, 180, 182, 184–202, 229–232, 235–239, 243–245, 272–273, 291, 296–299, 301–313, 319–321, 324 bis 325, 329–332, 343, 347, 356–357, 378–379, 383, 387, 430, 434, 451 bis 454, 463–465, 477–478 FD 9, 23, 25, 35, 77, 81–85, 106, 124 bis 125, 130, 147, 156, 172, 186–187 KT 15, 17–22, 25–34 WM 258 bis 261, 263–270, 311, 316, 327, 383–384

Subjekt-Objekt-Beziehung – §§ 13, 44 a, 69 c

„Das ‚Transzendenz-Problem‘ kann nicht auf die Frage gebracht werden: Wie kommt ein Subjekt hinaus zu einem Objekt, wobei die Gesamtheit der Objekte mit der Idee der Welt identifiziert wird. Zu fragen ist: Was ermöglicht es ontologisch, daß Seiendes innerweltlich begegnen und als begegnendes objektiviert werden kann? Der Rückgang auf die ekstatisch-horizontal fundierte Transzendenz der Welt gibt die Antwort.“

59 12-24 (-25) 60 2-40 (1-39) 62 3-37 (5-41) 132 1-27 (-28) 208 13-23 (14-24) 216 3-38 (-39) 366 19-27 (20-) 388 17-25 (18-26)

Vgl. Subjekt, Objekt, subjektiv-objektiv, Erkenntnistheorie (trad.)

cf. In-der-Welt-sein, Transzendenz

Kant 212 Holzw 121–122, 134–135, 153, 182 Hum 36 VA 61, 63, 258 SvGr 99, 132–134, 137–141 Gel 57–58 ZSF 23, 28, 31 USpr 130–132, 135, 139–141, 248–249 N I 93, 144–145 N II 129 bis 130, 138, 195, 204, 291, 378–379, 431 FD 21, 124–125, 133–134, 137–146, 172 KT 13–14, 22, 24, 26, 31, 33 WM 258–259, 261

Subjektiv-objektiv – §§ 69 c, 80
„Wenn das ‚Subjekt' ontologisch als existierendes Dasein begriffen wird, dessen Sein in der Zeitlichkeit gründet, dann muß gesagt werden: Welt ist ‚subjektiv'. Diese ‚subjektive' Welt aber ist dann als zeitlich-transzendente ‚objektiver' als jedes mögliche ‚Objekt'." „‚Die Zeit' ist weder im ‚Subjekt' noch im ‚Objekt' vorhanden, weder ‚innen' noch ‚außen', sie ‚ist' ‚früher' als jede Subjektivität und Objektivität, weil sie die Bedingung der Möglichkeit für dieses ‚früher' darstellt."
106 18-36 (-38) 110 4-9 227 16-30 (17-31) 278 15-26 (-27); 33-39 (34-40) 366 12-14 (13-15); 28-31 395 23-38 405 23-29 419 12-33 (13-35) 420 1-13 (-15)
cf. Transzendenz
Kant 151, 155 WdGr 38, 41 Holzw 81, 85, 103 SvGr 99, 127, 137–140 N II 232, 236–237, 291, 297–298, 347, 379, 451 FD 20 bis 23, 35, 81–82, 147, 167–168, 181, 183–184

Subjektivität und Substanzialität – § 64
„Substanzialität ist der ontologische Leitfaden für die Bestimmung der Subjektivität des Subjekts." (in der traditionellen Philosophie)
22 13-23 (14-) 24 2-8 (-7) 46 11-22 114 26-39 (-40) 318 17-36 (20-) 319 1-3 (-6); 33-34 (-) 320 1-45 321 1-2 (-4) 323 5-12 (8-14)
Vgl. Bisherige Ontologie des Menschen

Substanz (Substanzialität) – §§ 15, 19–21, 64
„Soweit im Verlauf dieser Geschichte (der Metaphysik) bestimmte ausgezeichnete Seinsbezirke in den Blick kommen und fortan primär die Problematik leiten (das ego cogito Descartes', Subjekt, Ich, Vernunft, Geist, Person), bleiben diese, entsprechend dem durchgängigen Versäumnis der Seinsfrage, unbefragt auf Sein und Struktur ihres Seins. Vielmehr wird der kategoriale Bestand der traditionellen Ontologie mit entsprechenden Formalisierungen und lediglich negativen Einschränkungen auf dieses Seiende (das Dasein) übertragen, oder aber es wird in der Absicht auf eine ontologische Interpretation der Substanzialität des Subjekts die Dialektik zu Hilfe gerufen."
22 13-23 (14-) 67 38-40 (40-41) 68 1-9 (-10) 88 28-36 (-37) 89 30-38 (-40) 90 1-14 (-13) 92 2-35 (1-36) 94 22-36 (23-37) 98 1-10 (3-13) 114 27-39 (-40) 201 11-14 (12-15) 212 22-24 (-25) 303 28-31 317 29-31 (32-34) 318 17-36 (20-) 319 1-3 (-6) 323 5-12 (8-14)

Vgl. Realität, Subjekt, Kategorie, bisherige Ontologie des Menschen
cf. Existenzialität
Holzw 13, 324–325 Hum 18–19 N II 7, 25, 163, 182, 430–431, 434, 436 FD 77, 180–181 KT 21–22 WM 330–331, 373–374, 377–378, 385, 390, 394

‚Substanz' des Menschen – § 25
„Daß Seiendes von der Seinsart des Daseins nicht aus Realität und Substanzialität begriffen werden kann, haben wir durch die These ausgedrückt: Die Substanz des Menschen ist die Existenz." „Allein die ‚Substanz' des Menschen ist nicht der Geist als die Synthese von Seele und Leib, sondern die *Existenz*."
117 **20-21 (18-20)** 212 **22-24 (-25)** 303 **28-37** 314 **5-7 (-8)**
Vgl. Substanz
cf. Existenz
Hum 18–19

TECHNIK
358 **9-14 (8-13)**
Vgl. Rechnen (rechnendes Denken), mathem. Naturwissenschaften, Vorstellen, Subjekt, Wahrheit als Gewißheit
(τέχνη, Technik, Machenschaft, **GE-STELL:)** Holzw 36, 47–48, 69, 78, 89, 137–138, 177, 179, 195, 236, 267–272, 281 EiM 148 WhD 49, 51–56, 58, 64, 114, 142, 145, 155 VA 13–44, 48, 55–63, 68, 80 bis 82, 91–99, 160, 188, 227 SvGr 19, 33, 41, 57–60, 64–66, 80, 99–100, 138, 148, 163, 170, 173, 197–203 Gel 19–27 ZSF 19–21, 34 ID 25–29, 31, 33, 48, 71 USpr 104–105, 160, 165, 178, 190, 209–210, 212–213, 263–264 N I 96–98, 192, 267–268, 451, 531–533 N II 13, 21–23, 26–28, 76, 165–166, 256, 395, 471, 486–487 FD 31 bis 32, 101 TK 37–40, 42–47 WM 255, 321–322, 326–328, 359 bis 360, 362, 369

Thematisierung, thematisch – unthematisch
„Den wissenschaftlichen Entwurf, zu dem die Umgrenzung des Sachgebietes und die Vorzeichnung der dem Seienden angemessenen Begrifflichkeit gehören, nennen wir die *Thematisierung*. Jede Wissenschaft konstituiert sich primär durch die Thematisierung. Die Thematisierung objektiviert." „Geschichte, Natur, Raum, Leben u. dgl. lassen sich in entsprechenden wissenschaftlichen Untersuchungen zu Gegenständen thematisieren." „Eine Interpretation des Daseins steht vor eigentümlichen Schwierigkeiten, die in der Seinsart des thematischen Gegenstandes und des thematisierenden Verhaltens gründen."

„Thematischer Gegenstand der Untersuchung ist das Sein des Seienden bzw. Sinn von Sein überhaupt." „In der Erschließung des Seins ist das Seiende jeweils das Vor- und Mitthematische, im eigentlichen Thema steht das Sein." „Die Frage nach dem Sinn des Seins macht den Entwurfsbereich des allem Sein zu Seiendem zugrunde liegenden Seinsverstehens zum Thema." „Verstehen ist nicht Erkennen im Sinne des thematischen Erfassens." (Unthematisch ist das Verstehen, insofern es sich sein Verstandenes nicht ausdrücklich zueignet und auslegt.)
9 7-12 16 8-13 23 11-16; 29-31 (-32) 24 2-6 (-5); 40 (-) 25 1-5 27 6-8 (5-7) 67 9-25 (10-26) 69 3-7 (4-8); 35-36 (36-37) 75 23-28 (26-30) 76 13-15 (15-17) 83 11-14 (13-16) 111 40-41 112 1-15; 28-29 113 32-37 145 24-30 150 8-13 (9-14) 324 1-3 (4-5); 22-27 (25-30) 325 1-3 (2-4) 336 2-5; 25-27 363 4-15 (3-14); 25-31 (24-) 364 1-11 (-13) 376 25-28 393 17; 22-38 397 21-25 404 22-26 (23-) 421 21-33 (24-36) 436 23-25 (30-31)
Vgl. Erkennen, Verstehen, Objektivierung, Wissenschaft
Kant 49, 91–92, 113, 115, 133, 139, 146 WM 271

Theologie
10 10-17 (9-16) 48 35-39 (36-) 49 1-19 (-20) 190 A 229 36-40 (39-41) (230 1-2) 249 A
WdGr 27, 42 A Kant 18, 187, 214 WdW 8–9 Plat 48 Hum 17 EiM 6, 78, 97 Holzw 19, 75, 86, 179, 184, 186–187, 202–203, 209, 240, 297 WiME 18 VA 34, 50, 55, 260 ZSF 24 WhD 170 SvGr 136 ID 50–53, 55–58, 69 USpr 15, 76, 96 N II 15, 58–59, 132–133, 225, 275, 347–350, 353, 378, 415, 470, 474 FD 85, 92 TK 46 KT 9–10

Tod, **Sein zum Tode, Sterben** – §§ 49–53, 61–62, 74, 81
„Daseinsmäßig *ist* der Tod nur in einem existenziellen *Sein zum Tode*." „Mit dem Tod steht sich das Dasein in seinem *eigensten* Seinkönnen bevor." „So enthüllt sich der *Tod* als die *eigenste*, *unbezügliche*, *unüberholbare Möglichkeit*. Die existenziale Möglichkeit des Seins zum Tode gründet darin, daß das Dasein ihm selbst wesenhaft erschlossen ist, und zwar in der Weise des Sichvorweg. Dieses Strukturmoment der Sorge hat im Sein zum Tode seine ursprüngliche Konkretion." „Das Sein zum Tode als Vorlaufen in die Möglichkeit *ermöglicht* allererst diese Möglichkeit und macht sie als solche frei."
234 1-11 (2-); 18-24 (19-25) 237 3-8 240 3-20 (-21); 28-33 (29-34) 245 23-27 (25-29) 247 12-13 (13-14); 28-30 (29-31) 248 4-6 (-7) 250 29-40 (-41) 251 1-10 258 39-40 (-41) 259 1-2 261 1-3; 34-38 (36-41) 262 13-40 (15-41) 263 1-3 (-5) 264 3-27 (4-28) 266 1-23 302 16-28 (-29) 306 11-31 (12-) 307 19-22 (20-) 308 34-40 (36-41) 310 4-16

(5-17) 313 11-13 325 25-33 (27-36) 329 33-39 (34-41) 330 1; 11-19 344 27-28 (28-29) 374 20-36 (-37) 382 28-33 (31-36) 384 1-14 385 6-18 (7-20) 386 16-23 (17-24) 390 29-40 (30-41) 391 1-8 (-9) 425 18-41 (22-) 426 1-11 (-16)
Vgl. Eigentliche Existenz, Vorlaufen, vorlaufende Entschlossenheit, Gewissen, Angst, Sorge, Endlichkeit, Zeitlichkeit, Freiheit, Nichts, Nichtigkeit, Flucht
EiM 121 VA 150–153, 177, 196, 256 SvGr 186–187, 209 USpr 23, 46, 71, 75, 80–81, 215 N I 471 TK 45

Tradition – § 6
„Die elementare Geschichtlichkeit des Daseins kann diesem selbst verborgen bleiben. Sie kann aber auch in gewisser Weise entdeckt werden und eigene Pflege erfahren. Dasein kann Tradition entdecken, bewahren und ihr ausdrücklich nachgehen." „Soll für die Seinsfrage die Durchsichtigkeit ihrer eigenen Geschichte gewonnen werden, dann bedarf es der Auflockerung der verhärteten Tradition und der Ablösung der durch sie gezeitigten Verdeckungen . . . der ursprünglichen Erfahrungen, in denen die ersten und fortan leitenden Bestimmungen des Seins gewonnen wurden."
20 4-21 21 8-34 (-35) 22 24-41 23 1-5 220 9-13
Vgl. Geschichtlichkeit, Überliefern, Wiederholen, Destruktion
USpr 109, 130

transcendens – siehe Sein als transcendens

Transzendenz – § 69 b, c
„Sein und Seinsstruktur liegen über jedes Seiende und jede mögliche seiende Bestimmtheit eines Seienden hinaus. *Sein ist das transcendens schlechthin.* Die Transzendenz des Seins des Daseins ist eine ausgezeichnete, sofern in ihr die Möglichkeit und Notwendigkeit der radikalsten *Individuation* liegt. Jede Erschließung von Sein als des transcendens ist *transzendentale* Erkenntnis. *Phänomenologische Wahrheit (Erschlossenheit von Sein) ist veritas transcendentalis.*" „In der horizontalen Einheit der ekstatischen Zeitlichkeit gründend ist die Welt transzendent. Sie muß schon ekstatisch erschlossen sein, damit aus ihr her innerweltlich Seiendes begegnen kann. Ekstatisch hält sich die Zeitlichkeit schon in den Horizonten ihrer Ekstasen und kommt, sich zeitigend, auf das in das Da begegnende Seiende zurück."
(„Transzendenz" bzw. „transzendental" ist bei Heidegger weder auf Subjektivität noch auf Bewußtsein bezogen, vielmehr aus der ekstatischen Zeitlichkeit des Sein verstehenden Daseins bestimmt)

3 16-21 (17-22) 14 3-24 (-25) 38 8-17 (7-) 208 3-6 (4-7) 351 34-41 (35-) 363 28-31 364 365 366 1-34 389 26-34 (27-35) 419 5-31 (6-34)
Vgl. Welt, Existenzialität, Ekstasen der Zeitlichkeit, horizontales Schema, Zeit als Weltzeit
(Transzendenz, transzendental, Überstieg:) Kant 46, 51, 70–76, 81–88, 96–103, 106–117, 123–125, 128–129, 133–135, 141–142, 146, 150–152, 155, 157, 170–173, 178–181, 186, 212–214, 218–219 WiM 32 WdGr 16–23, 37–49, 54 EiM 14 Hum 24–25, 35–36 Holzw 286, 318 WhD 135, 175 Gel 38–39, 50–56, 59 ID 38, 65 SvGr 133–138, 147–149, 163, 169, 183 ZSF 16, 18, 32–33, 36–38, 40–41 N II 349–350, 378–379, 415, 466 WM 258, 383
(das ‚Transzendente' als übersinnlich Seiendes:) Hum 35 Holzw 318 SvGr 133 ZSF 24

Überantwortung – siehe Sorge, Schuldigsein, Existenz, Geworfenheit, Jemeinigkeit

Übereinstimmung – siehe Wahrheit, traditioneller Wahrheitsbegriff

Überlassenheit – siehe Geworfenheit, Angst, Sorge

Überliefern – § 74
383 27-38 (28-39) 384 1-20 385 11-35 (-37) 386 387 1 (1-2) 390 33-40 (35-41) 391 1-8 (-9)
Vgl. Geschichtlichkeit, Gewesenheit, Geworfenheit, Tradition, Wiederholen
Holzw 30, 88, 221 SvGr 154, 164, 171, 176–178 ID 44, 47, 52 USpr 54–55 VA 79 Phil 14–15, 33–34 N II 29, 390 KT 5–8, 32 WM 256, 268, 373

Übernehmen
„Übernahme der Geworfenheit aber bedeutet, das Dasein in dem, *wie es je schon war*, eigentlich *sein*, das Schuldigsein existierend übernehmen, als geworfener Grund der Nichtigkeit *sein*."
250 29-31 263 37-38 (-) 264 1-2 (-3) 325 34-39 (37-41) 326 1-3 (-4) 343 25-41 (24-) 382 28-34 (31-37) 383 8-16 (9-); 31-36 (32-37) 384 24-28 (25-30) 385 11-18 (-20)
Vgl. Geworfenheit, Schuldigsein, Wiederholen, Überliefern, Vorlaufen, Geschichtlichkeit
Holzw 190, 231, 234 Phil 35, 43 N II 9, 489

Umsicht – §§ 15–17, 22–23, 31–33, 69 a, b
„Die Umsicht des Besorgens ist das Verstehen als Verständigkeit."
„Der nur ‚theoretisch' hinsehende Blick auf Dinge entbehrt des

Verstehens von Zuhandenheit. Der gebrauchend-hantierende Umgang ist aber nicht blind; er hat seine eigene Sichtart, die das Hantieren führt. Der Umgang mit Zeug unterstellt sich der Verweisungsmannigfaltigkeit. Die Sicht eines solchen Sichfügens ist die *Umsicht.*"

69 3-40 (4-41) 70 71 1-25 (-26) 74 28-39 (30-40) 75 1-30 (-32) 79 25-30 (27-32) 80 13-21 (14-22) 88 14-24 (15-25) 110 18-31 111 3-28 (2-27) 137 15-20 (16-22) 138 6-13 (8-15) 141 12-16 (11-15) 148 32-37 (34-39) 149 1-22 (-23) 172 4-18 333 2-12 (4-15) 354 16-20 (17-21) 357 36-38 (35-) 358 1-10 (-9) 359 360 1-9 364 1-26 (-27) 412 18-40 (22-) 413 1-13 (-17)

Vgl. Sicht, Verstehen, Besorgen, Alltäglichkeit

Umwelt – §§ 15–16, 22–23, 26, 69 a

„Die nächste Welt des alltäglichen Daseins ist die *Umwelt.*"

57 25-40 (26-41) 58 1-6 66 12-38 (13-40) 67 1-8 (-9) 70 13-39 (-40) 71 1-25 (-26) 75 6-15 (8-18) 76 8-18 (10-20) 80 10-21 (11-22) 104 17-30 (18-) 113 32-39 (-40) 129 14-35 (-36) 158 12-17 387 35-38 (38-40) 388 1-14 (-15)

Vgl. Welt, Alltäglichkeit, Besorgen, Bewandtnis, Bedeutsamkeit

Uneigentlichkeit – §§ 25–27, 30, 35–38, 51–52, 59, 68 c, 71

„Uneigentlichkeit hat mögliche Eigentlichkeit zum Grunde. Uneigentlichkeit kennzeichnet eine Seinsart, in die das Dasein sich verlegen kann und zumeist auch immer verlegt hat, in die es sich aber nicht notwendig und ständig verlegen muß." „Uneigentlichkeit kann das Dasein nach seiner vollen Konkretion bestimmen in seiner Geschäftigkeit, Angeregtheit, Interessiertheit, Genußfähigkeit."

Vgl. Verfallen, Flucht, Alltäglichkeit, Man, Entfremdung

cf. Eigentlichkeit, Jemeinigkeit, eigenstes Seinkönnen

Hum 21

Unheimlichkeit – siehe Un-zuhause

UNTERSCHIED – siehe Sein und Seiendes

UNVERBORGENHEIT – § 44 b, c

„Ist es Zufall, daß in einem der Fragmente des Heraklit das Phänomen der Wahrheit im Sinne der Unverborgenheit durchblickt?"

33 12-41 219 15-37 (-38) 220 1-13; 29-38 (30-39) 221 1-9 (-10) 222 28-40 (29-41) 223 1-2

Vgl. 'Αλήθεια, Wahrheit, Lichtung, Erschlossenheit, Zeitlichkeit, Seinsverständnis

cf. Verborgenheit, Vergessen

(Unverborgenheit, Entbergung:) Kant 115 WdGr 12 WdW 15–18, 23, 26 WiME 18 Plat 26–36, 39–47, 51 EiM 127–130, 145–147 Höld 114, 139 Holzw 25–68, 104, 143, 278, 310–311, 320–341 WhD 126, 144 VA 22–28, 31–44, 49–50, 53, 142–143, 211–212, 220–221, 247–256, 258–259, 262, 264, 270–281 ZSF 35 ID 62–66 SvGr 113–114, 120–122, 129–130, 177, 182 USpr 132, 134, 136 N I 229–230 N II 137–140, 172, 217, 224–226, 257, 318, 325, 330–332, 350–358, 361–362, 366–372, 377–379, 382–383, 388–391, 394–395, 397–398, 403–405, 409–410, 417, 420, 450, 458, 463, 470, 474–475 TK 41 KT 17, 35 WM 267–271, 328, 340, 342, 349, 355, 359, 370–371

Unwahrheit – § 44

„Dasein ist gleichursprünglich in der Wahrheit und in der Unwahrheit." „Aber nur sofern Dasein erschlossen ist, ist es auch verschlossen." „Die Freilegung des ursprünglichen Seins des Daseins muß ihm gegen seine eigene Verdeckungstendenz abgerungen werden."

221 **35-36 (38-39)** 222 223 **1-6 (-7)** 229 **25-28 (28-31)** 298 **37-39 (39-41)** 299 **1-3 (-4)** 308 **16-21 (17-22)** 311 **10-36 (11-38)** 312 **7-9**

Vgl. Verborgenheit, Vergessen, Verschlossenheit, Verdecken, Verfallen, Uneigentlichkeit

cf. Wahrheit, Unverborgenheit, Lichtung, Erschlossenheit

Kant 128, 221 WdW 19–27 Holzw 41–44, 49 VA 88 N II 195–199

Un-zuhause, Unheimlichkeit – §§ 40, 57

„Das In-Sein wurde bestimmt als Wohnen bei . . ., Vertrautsein mit . . . In der Angst bricht die alltägliche Vertrautheit in sich zusammen. Das In-Sein kommt in den existenzialen ‚Modus' des Unzuhause." „Die alltägliche Art, in der das Dasein die Unheimlichkeit versteht, ist die verfallende, das Un-zuhause ‚abblendende' Abkehr." „Das Un-zuhause muß existenzial-ontologisch als das ursprünglichere Phänomen begriffen werden." „Die Flucht aus der Unheimlichkeit ist Flucht vor dem eigensten Sein zum Tode." „Wenn das im Grunde seiner Unheimlichkeit sich befindende Dasein der Rufer des Gewissensrufes wäre?"

192 **25-33 (26-34)** 251 **38-39 (39)** 252 **1-5 (-6)** 280 **22-35 (21-34)** 286 **41 (-)** 287 **1-12 (-14)** 289 **12-15** 295 **37-38 (39-40)** 296 **1-5; 19-25 (20-26)** 343 **25-32 (24-31)** 344 **14-35 (-37)**

Vgl. Nichts, Nichtigkeit, eigenstes Seinkönnen, Sein zum Tode, Angst, Gewissensruf, Schuldigsein, Stille

cf. Alltäglichkeit, Man, Verfallen

WiM 29–34, 37 WiMN 41–44 EiM 112–127 Holzw 43, 54–56, 62–63, 202, 235 Höld 83 N II 394–396

Ursprünglichkeit
(durchzieht das ganze Werk)
231 33-36 232 1-29

Urteil – siehe Aussage

VERBERGUNG, VERBORGENHEIT

„Was aber in einem ausnehmenden Sinne *verborgen* bleibt oder wieder in die Verdeckung zurückfällt oder nur ‚verstellt‘ sich zeigt, ist nicht dieses oder jenes Seiende, sondern das *Sein* des Seienden.“
„Und wenn gar das Seiende (das Dasein), das in der existenzialen Analytik thematisch wird, *in* seiner Weise zu sein, das ihm zugehörige Sein verbirgt?“
35 20-31 (-32); 40 (-) 36 1-7; 24-26 170 18-21 (17-20) 178 7-12; 29-33 (31-34) 219 18-32 (-33) 222 2-40 (-41) 223 1-6 (-7) 260 11-15 (12-16) 312 3-9
Vgl. Seinsverborgenheit, Seinsvergessenheit, Vergessen, Unwahrheit, Verschlossenheit, Schein, Verdecken
cf. Lichtung, Wahrheit, Unverborgenheit, Seinsverständnis
(Verbergung, Bergung, λήθη, Entzug, Verweigerung, Vorenthalt:)
Kant 206, 212 WdW 19–27 Plat 32–33, 52 Hum 18, 23, 26, 28 Höld 113 Holzw 30–37, 40–44, 48–49, 51, 59, 61–63, 88, 103–104, 175–176, 196, 244, 250–254, 259, 272, 278, 280, 283–284, 310–312, 315, 320, 322–323, 325, 339–341 WhD 4–7, 32, 51–52, 55, 58–61, 97–98, 144 VA 46, 59, 63–68, 71, 73, 78, 88, 134–135, 143, 197, 220–221, 241, 255–256, 259–281 SvGr 60, 96–102, 108–115, 120 bis 123, 130–131, 143–146, 149–150, 153–158, 160, 181–184, 201 Gel 26, 35, 59, 61 ZSF 34–35, 41 ID 46–47, 62–63, 65–66, 71 USpr 127, 135, 141, 185–186, 193–194, 199–200, 212–214, 231, 237 bis 238, 260 Phil 42, 45 N I 55, 168, 225, 290 N II 9, 28, 139 bis 140, 172–173, 291, 325, 331, 353–362, 365–372, 375, 376–379, 382–397, 467–468, 471, 485–488 TK 37–38, 40, 42, 44 KT 36 WM 269, 270, 340, 349, 370–371

Verdecken, Verstellen – § 44 b
„Sofern mit dem Sein des Daseins je schon innerweltliches Seiendes entdeckt ist, ist dergleichen Seiendes als mögliches innerweltlich Begegnendes verdeckt oder verstellt. Daher muß das Dasein wesenhaft das auch schon Entdeckte *gegen* den Schein und die Verstellung sich ausdrücklich zueignen.“
35 26-31 (27-32) 36 5-40 (-41) 127 20-29 129 30-35 (31-36) 130 1-14 (-15) 169

11-40 (10-41) 170 1-21 (-20) 175 6-12 (7-13) 177 1-7 222 2-40 (-41) 223 1-2 225 29-32 (30-33) 251 31-38 256 35-37 (37-39) 257 1-4 (-5) 289 23-30 293 1-9 311 13-33 (14-35) 424 3-38 425 426 1-3 (-8); 23-30 (29-36)
Vgl. Vergessen, Verschlossenheit, Unwahrheit, Schein
cf. Entdeckendsein, Erschlossenheit, Wahrheit
WdW 21–23 EiM 146–147 Plat 32 Holzw 42–43, 49, 146, 182 USpr 213 N II 189, 359–360, 376, 391–392, 394, 415, 420 TK 37, 44–45 KT 21 WM 271, 338–339

Verfängnis – §§ 38, 68 c
„Das ‚entspringende' Gegenwärtigen sucht sich seiner ekstatischen Tendenz nach aus ihm selbst zu zeitigen. Das Dasein verfängt sich, diese Bestimmung hat einen ekstatischen Sinn." „Die Entfremdung des Verfallens führt in ihrer eigenen Bewegtheit dazu, daß sich das Dasein in ihm selbst *verfängt*."
178 14-40 (15-41) 346 33-36 (34-37) 347 25-41 348 1-16
Vgl. Verfallen, entspringendes Gegenwärtigen, Neugier
cf. Augenblick, vorlaufende Entschlossenheit, Wiederholen

Verfallen – §§ 25–27, 35–38, 51–52, 59, 68 c, 71, 73, 81
„Das Dasein ist von ihm selbst als eigentlichem Selbstseinkönnen zunächst immer schon abgefallen und an die ‚Welt' verfallen. Das Nicht-es-selbst-sein fungiert (existenzial-ontologisch gesehen) als *positive* Möglichkeit des Seienden, das besorgend in seiner Welt aufgeht. Im Verfallen dokumentiert sich ein *existenzialer Modus* des In-der-Welt-seins." „Die Verfallenheit an die ‚Welt' meint das Aufgehen im Miteinandersein, sofern dieses durch Gerede, Neugier und Zweideutigkeit geführt wird."
175 23-37 (-38) 176 436 1-7 (7-13)
Vgl. Uneigentlichkeit, Alltäglichkeit, Man, Entfremdung, Gerede, Neugier, Zweideutigkeit, entspringendes Gegenwärtigen
cf. Eigenstes Seinkönnen
Kant 212–213 WdW (Insistenz:) 21–23 Hum 21 N II 378 TK 41

Vergangenheit – §§ 65,73
„Vergangen nennen wir Seiendes, das nicht mehr vorhanden ist." „Dasein ist nie vergangen, wohl aber immer schon *gewesen* im Sinne des ‚Ich-*bin*-gewesen'."
328 1-14 378 15-40 (-41) 379 1-2 380 381 1-20 (-22) 386 1-16 (-17) 391 25-39 (26-40) 393 22-39
Vgl. Innerzeitigkeit
cf. Gewesenheit, Zeitlichkeit, Geschichtlichkeit

Plat 50 Hum 5 Höld 79–80 Holzw 295, 312, 319–320 VA 71 SvGr 40, 107, 159 USpr 57, 154 N II 9, 385, 388, 481 FD 33 WM 256

Vergessen – §§ 68–71, 79–80
„*Vergessenheit* als uneigentliche Gewesenheit bezieht sich auf das geworfene eigene *Sein*; sie ist der zeitliche Sinn der Seinsart, gemäß der ich zunächst und zumeist gewesen – *bin*. Und nur auf dem Grunde dieses Vergessens kann das besorgende, gewärtigende Gegenwärtigen *behalten* und zwar das umweltlich begegnende Seiende. Diesem Behalten entspricht ein Nichtbehalten, das ein ‚Vergessen' im abgeleiteten Sinne darstellt."
44 **7-13 (8-14)** 219 **29-32 (30-33)** 292 **1-9** 339 **6-32 (-33)** 341 **25-38 (27-41)** 342 **1-25 (-26)** 345 **30-37** 347 **35-39** 354 **9-12 (10-13)** 369 **12-22 (13-23)** 391 **25-39 (26-40)** 407 **1-5** 409 **32-35 (37-39)** 410 **11-22 (14-26)** 424 **35-37 (-)** 425 **(1-4);24-34 (29-39)**
Vgl. Seinsvergessenheit, Verborgenheit, Selbstverlorenheit, Verfallen
cf. Gewesenheit, Wiederholen, vorlaufende Entschlossenheit
Kant 210–211 Höld 63, 88–89, 141 VA 264–265, 281 ID 46 bis 47, 65–66, 71 N II 23, 138, 318–319, 325, 331, 462, 467–468, 489 TK 37, 40, 42–44 WM 353

Verhältnis – siehe Bezug, Existenz

Vernehmen – § 21
„Die Idee von Sein als beständige Vorhandenheit . . . verhindert zugleich, Verhaltungen des Daseins ontologisch angemessen in den Blick zu bringen. Damit ist aber vollends der Weg dazu verlegt, gar auch noch den fundierten Charakter alles sinnlichen und verstandesmäßigen Vernehmens zu sehen und sie als eine Möglichkeit des In-der-Welt-seins zu verstehen."
33 **30-41** 34 **10-20 (11-21)** 61 **26-40 (27-41)** 62 **1-3 (-5)** 94 **6-7** 96 **21-29 (-30)** 97 **21-29 (22-30)** 98 **1-8 (3-10)** 335 **1-10** 346 **27-31** 350 **37 (38)** 351 **1-2**
Vgl. νοεῖν, Erkennen, Vorstellen
Plat 35, 41–42 Hum 20 Holzw 47, 66, 83–84, 96–100, 126, 166, 178, 180, 306, 323 VA 140–141 WhD 27, 124, 172 SvGr 88, 112, 121, 127, 140, 181 N I 528–529 N II 137, 295, 319–320, 417, 450 WM 271

Vernunft
34 **10-20 (11-21)**
Vgl. Rechnen, rechnendes Denken, Vorstellen
Plat 35, 41–42, 44–45 Hum 13 Holzw 14, 99, 247, 287 SvGr ganz VA 140 ZSF 9–10 USpr 100, 103–104 Phil 10, 43

N I 529–532, 583–590, 594–595 N II 7, 77, 111, 145, 193, 195, 200, 232, 238, 241, 244–245, 254, 273, 293–297, 299–303, 307, 309, 320, 426, 451–453, 471, 473 FD 49, 82–92, 94–96 WM 264, 345

Versäumnis – siehe Frage nach dem (Sinn von) Sein: Versäumnis der Frage

Verschlossenheit – § 44
„Zur Faktizität des Daseins gehören Verschlossenheit und Verdecktheit. Aber nur sofern Dasein erschlossen ist, ist es auch verschlossen. Das Erschlossene steht im Modus der Verschlossenheit."
136 21-33 (-35) 169 11-40 (10-41) 170 1-21 (-20) 173 5-29 175 6-12 (7-13) 178 2-33 (-34) 184 32-36 (33-38) 222 2-20 (-21) 276 24-28 286 30-39 (31-40) 288 1-6 300 7-10 (8-12) 308 16-20 (17-21) 311 12-33 (13-35) 336 29-35 339 7-32 (-33) 347 32-39 348 26-32 410 13-19 (16-22)
Vgl. Vergessen, Verborgenheit, Unwahrheit, Verdecken, Verfallen
cf. Erschlossenheit, Wahrheit, Offenheit, Lichtung, Entschlossenheit
Plat 32, 34 Holzw 21, 36–37, 43, 51, 61–63, 294 N I 63

Verstehen – §§ 31–32, 44, 58, 68 a
„Das im Verstehen als Existenzial Gekonnte ist kein Was, sondern das Sein als Existieren." „Verstehen ist das existenziale Sein des eigenen Seinkönnens des Daseins selbst, so zwar, daß dieses Sein an ihm selbst das Woran des mit ihm selbst Seins erschließt." „Das Verstehen hat an ihm selbst die Struktur, die wir den Entwurf nennen." „Verstehen ist immer gestimmtes."
86 1-37 (-39) 87 4-34 (-37) 123 36-40 (37-41) 124 125 1-23 (-24) 142 36-39 (-40) 143–148
Vgl. Seinsverständnis, Erschlossenheit, Entwurf, Sicht, Seinkönnen
Kant 210–222 WiME 17 Holzw 75 Gel 40

eigentliches Verstehen – §§ 53, 58, 60, 62
262 36-40 (39-41) 263 1-29 (31) 264 3-36 (4-37) 265 8-38 (-39) 266 1-25 (-26) 287 5-12 (6-14); 33-39 (35-41) 289 12-15 295 17-38 (19-40) 296 1-25 (-26); 34-38 (35-39) 297 298 1-3 305 22-32 (23-34) 310 4-14 (5-15)
Vgl. Vorlaufende Entschlossenheit, Gewissen-haben-wollen, Schuldigsein

uneigentliches Verstehen, Verständigkeit – §§ 35, 37, 68 a
167 12-40 (-41) 168 1-9 (-7) 169 30-40 (-41) 170 1-3 (-2) 173 20-29 174 28-30 311 23-29 (24-30) 315 19-31 (20-32) 337 7-40 (6-41) 338 1-2 339 7-34 (-36) 369 32-40 (33-41) 387 30-38 (33-40) 388 1-11 (-12)
Vgl. Verfallen, Flucht, Verschlossenheit

Verstehen ist entwerfend – §§ 31, 65, 68 a
„Verstehen hat an ihm selbst die existenziale Struktur des Entwerfens. Verstehen entwirft das Sein des Daseins auf sein Worumwillen ebenso ursprünglich wie auf die Bedeutsamkeit als die Weltlichkeit seiner jeweiligen Welt. Der Entwurfcharakter des Verstehens konstituiert das In-der-Welt-sein hinsichtlich der Erschlossenheit seines Da als Da eines Seinkönnens .Der Entwurf ist die existenziale Seinsverfassung des Spielraums des faktischen Seinkönnens."
145 10-41 146 147 26-35 (29-38) 148 1-9 (3-10) 151 5-9 (7-10); 17-31 (18-33) 221 24-34 (26-37) 311 36-38 (-40) 312 1-7 314 33-35 (35-38) 315 1-18 (-19) 323 35-36 (-) 324 325 1-15 (-17) 336 11-27 337 11-22 (10-21) 360 10-20 362 17-38 (16-37) 363 4-10 (3-) 387 33-35 (36-38)
Vgl. Entwurf, Erschlossenheit, Seinsverständnis

Verstehen des Mitdaseins – § 26
„Die zum Mitsein gehörige Erschlossenheit des Mitdaseins Anderer besagt: Im Seinsverständnis des Daseins liegt schon, weil sein Sein Mitsein ist, das Verständnis Anderer."
123 36-40 (37-41) 124 125 1-23 (-24) 162 11-22 (10-) 163 27-29
Vgl. Mitsein, Mitdasein

Verstehen von Welt – §§ 18, 31–32
„Das Verstehen hält die Bezüge, die die Welt als Welt konstituieren, in einer vorgängigen Erschlossenheit." „Das Verstehen kann sich primär in die Erschlossenheit der Welt legen."
86 1-37 (-39) 87 4-34 (-37) 144 32-39 (33-41) 146 1-22 (-24) 148 27-37 (30-39) 149 150 1-13 (-14) 151 17-22 (18-23)
Vgl. Welt, Bedeutsamkeit, Bewandtnisganzheit

Verstehen des Worumwillen
„Das Verstehen hat als Seinkönnen selbst Möglichkeiten. Es kann sich primär in das Worumwillen werfen, d. h. das Dasein existiert als es selbst."
86 7-27 (8-29) 87 4-34 (-37) 143 11-20 (10-) 145 10-18 146 1-22 (-24)
Vgl. Worumwillen, eigenstes Seinkönnen, Sein des Daseins

Verstehen und Als-Struktur – siehe Als-Struktur

Verstehen und Auslegung – § 32
„In der Auslegung eignet sich das Verstehen sein Verstandenes verstehend zu. Es wird in ihr nicht etwas anderes, sondern es selbst. Auslegung gründet im Verstehen."
Vgl. Auslegung

Verstellen – siehe Verdecken

Verstimmung – § 29
136 29-37 (30-40)
Vgl. Befindlichkeit, Verschlossenheit

Verstrickung – siehe Verfallen, Verfängnis

Verweisung – §§ 15–18, 32
„Alltägliches In-der-Welt-sein ist umsichtiges Aufgehen in den für die Zuhandenheit des Zeugganzen konstitutiven Verweisungen." „Die Verweisungen selbst sind nicht betrachtet, sondern ‚da' in dem besorgenden Sichstellen unter sie." „Als bestimmte Verweisungen nannten wir Dienlichkeit, Abträglichkeit, Verwendbarkeit und dgl." „Die Struktur des Seins von Zuhandenem als Zeug ist durch die Verweisungen bestimmt."
68 24-35 (26-37) 69 24-26 (25-27) 70 36-39 (37-40) 71 1-25 (-26) 74 28-39 (30-40) 75 1-11 (-13); 23-28 (26-30) 76 7-37 (9-39) 77–81 82 29-41 83 84 1-6 (-7) 87 1-12 110 18-23
Vgl. Verweisungszusammenhang, Bewandtnis, Bedeutsamkeit, Zeug, Zuhandenheit, Als-Struktur, Zeichen

Verweisungszusammenhang – §§ 16–18, 24
„Das innerweltlich Seiende ist auf Welt hin entworfen, d. h. auf ein Ganzes von Bedeutsamkeit, in deren Verweisungszusammenhang das Besorgen als In-der-Welt-sein sich im vorhinein festgemacht hat."
70 1-12 74 38-39 (-) 75 1-31 (-33) 76 7-36 (9-39) 87 35-38 (38-41) 88 1-28 123 10-17 (11-18) 129 19-26 149 19-22 (20-23) 151 17-22 (18-23) 210 23-26
Vgl. Verweisung, Zeugganzheit, Bewandtnisganzheit, Bedeutsamkeit, Umwelt, Weltlichkeit, Worumwillen

Voraussetzung – §§ 44 c, 63
„Die Wahrheitsvoraussetzung müssen wir ‚machen', weil sie mit dem Sein des ‚wir' schon ‚gemacht' *ist*." Nicht wir setzen die ‚Wahrheit' voraus, sondern *sie* ist es, die ontologisch überhaupt möglich macht, daß wir so *sein* können, daß wir etwas ‚voraussetzen'. Wahrheit *ermöglicht* erst so etwas wie Voraussetzung."
7 28-41 (27-) 8 1-22 (-23) 64 3-7 (5-10) 150 13-36 (14-38) 152 19-31 (22-34) 206 1-11 (-12) 227 31-39 (32-41) 228 229 1-2 (-3) 232 1-6 310 27-30 (29-32) 314 27-35 (28-37) 315 1-7 372 10-19
Vgl. Verstehen, Entwurf, Sinn, Wahrheit, Zirkel, Logik
Holzw 69 WhD 162 N I 604, 606, 634 N II 179

Vorhandenes, Vorhandenheit – §§ 21, 69 b
„Das Erkennen dringt erst *über* das im Besorgen Zuhandene zur Freilegung des nur noch Vorhandenen vor." „Damit Erkennen als

betrachtendes Bestimmen des Vorhandenen möglich sei, bedarf es vorgängig einer *Defizienz* des besorgenden Zu-tun-habens mit der Welt." „Im wissenschaftlichen Verhalten sehen wir das begegnende Zuhandene ‚neu' an, als Vorhandenes. Das *Seinsverständnis*, das den besorgenden Umgang mit dem innerweltlichen Seienden leitet, *hat umgeschlagen.*"
42 10-15 49 20-25 (21-26) 61 25-40 (26-41) (62 1-2) 70 29-35 (-36) 71 26-41 (27-) (72 1-2) 75 32-39 (34-41) 88 3-14; 28-36 (-37) 99 12-41 (13-) 100 1-14 (-18) 157 39-40 (40-41) 158 1-21 (-22) 160 16-25 (17-26) 211 22-36 (23-37) 297 17-19 (19-21) 333 12-32 (14-35) 361 3-41 362 1-16 (-15) 363 15-19 (14-) 364 4-9 (5-10) 365 39-41 (40-) (366 1-2)
Vgl. Sein als Vorhandenheit, theoretisches Erkennen, Vernehmen, Wissenschaft, Subjekt-Objekt-Beziehung
cf. Zeug, Zuhandenheit, Existenz(ialität), Faktizität

Sein als ständige Vorhandenheit – § 21
95 27-38 (28-40) 96 1-29 (-30) 97 36-38 (37-) 98 1-10 (-13)
WhD 41–42

Vorhandenheit-Zuhandenheit
61 25-40 (26-41) (62 1-2) 70 26-35 (-36) 71 26-41 (27-) (72 1-2) 73 74 1-13 (-15) 75 20-23 (22-25) 80 33-40 (34-41) 81 1-14 (-15) 83 27-34 (29-36) 88 3-36 (-37) 98 31-39 (34-41) 99 100 1-25 (-29) 101 1-6 (3-8) 149 39-40 (40-41) 150 1-7 (-8) 157 39-40 (40-41) 158 1-21 (-22) 211 22-36 (23-37) 360 33-38 (34-39) 361 362 1-9 (-8) 364 4-9 (5-10)
Holzw 17–28, 52–53

Vorlaufen – §§ 53, 61–62
„Das Vorlaufen in den Tod erweist sich als Möglichkeit des Verstehens des *eigensten* äußersten Seinkönnens, d. h. als Möglichkeit *eigentlicher Existenz.*"
262 13-40 (15-41) 263 1-3 (-5); 13-38 (15-39) 264 1-27 (-28) 265 29-38 (-39) 266 1-25 (-26)
Vgl. Vorlaufende Entschlossenheit, Sein zum Tode, eigentliche Existenz, Zukunft, Endlichkeit, Gewissen-haben-wollen
cf. Gewärtigen, Flucht, Verfallen
EiM 121 VA 150–153, 177, 196, 256 ScGr 186–187, 209 USpr 23, 46, 71, 75, 80–81, 215

Vorlaufende Entschlossenheit – §§ 61–63
„Die Entschlossenheit wird eigentlich das, was sie sein kann, als verstehendes Sein zum Tode, d. h. als Vorlaufen in den Tod. Sie birgt das eigentliche Sein zum Tode in sich." „Die Zeitlichkeit der vor-

laufenden Entschlossenheit ist ein ausgezeichneter Modus ihrer selbst."
301 31-32 (34-35) 302 303 1-6 (-5) 304 4-12 (3-) 305 5-39 (-40) 306 1-31 307 1-22 309 1-18 (-19) 310 4-31 (5-33) 316 10-26 (12-27) 322 37-39 (38-41) 325 14-39 (16-41) 326 1-28 (-29) 329 33-39 (34-41) 330 1-19 338 2-11 345 37-41 384 1-28 (-30) 385 3-18 (-20) 386 10-26 (11-27)
Vgl. Eigentliche Existenz, Sorge, Vorlaufen, Entschlossenheit, Sein zum Tode, Nichts, Nichtigkeit, Endlichkeit, Wiederholen, Augenblick, Gewissen, Schuldigsein, Angst, Schweigen
cf. Flucht, Verfallen, Verschlossenheit

Vorlaufen und Entwurf – siehe Entwurf und Vorlaufen

vorontologisch
„Wenn wir den Titel Ontologie für das explizite theoretische Fragen nach dem Sinn des Seienden vorbehalten, dann ist das gemeinte Ontologisch-sein des Daseins als vorontologisches zu bezeichnen. Das bedeutet aber nicht etwa soviel wie einfachhin ontisch-seiend, sondern seiend in der Weise eines Verstehens von Sein."
12 13-18 (15-19) 13 16-20 15 2-5 (4-7) 16 6-7 17 29-33 (-34) 68 5-9 (6-10) 86 7-17 (8-18) 130 1-7 182 35-40 (36-41) 183 5-9; 31-32 200 9-11; 37-38 (38-40) 201 1-3 222 28-36 (29-37) 312 16-21 315 10-14 (11-15) 356 22-26
Vgl. Dasein ist ontologisch (vorontol.), Thematisierung (unthematisch)
WdGr 14 Kant 70 Holzw 163–164, 166–167

vorphänomenologisch
59 12-16 (-17) 99 25-39 (27-40) 318 22-28 (26-31)
Vgl. Phänomenologie, vorontologisch

Vorstellung
„Das Ich wird als ein isoliertes Subjekt angesetzt, das in ontologisch völlig unbestimmter Weise Vorstellungen begleitet." (in der neuzeitlichen Philosophie)
62 3-10 (5-12) 154 24-32 (28-36) 217 26-39 (-40) 218 1-18 319 8-32 (11-36) 321 1-24 (3-26) 359 22-27 (23-) 367 26-32 (27-33) 368 11-15 424 35-37 (-) (425 1-4)
Vgl. Subjekt, Ich, Rechnen, rechnendes Denken, Wahrheit als Gewißheit
WdGr 13 WiME 10–11, 17–18, 20 WiMN 41 Höld 65 Plat 26, 37, 51 Hum 34 Holzw 41, 56, 59, 75, 80, 82–85, 87, 93–94, 98, 100–102, 118, 121, 124–125, 130–131, 133–134, 136–137, 141, 148, 153, 155–156, 163, 169–174, 181, 185, 189–191, 210–211, 220 bis 221, 225, 231, 236–237, 242, 265–267, 270, 281, 283–284, 286 bis

287, 311–313, 323, 335, 342–343 WhD 14–18, 27–35, 55–56, 60, 62–64, 69–70, 77, 102 VA 52, 56, 62–63, 68, 74–75, 85–86, 99, 112 bis 113, 120, 140–142, 235, 240 SvGr 46—48, 54, 56, 64–67, 73–74, 78–80, 91, 98–101, 129–130, 132, 134, 137, 139–140, 146–149, 157 bis 160, 174, 181–183 Gel 36, 38–40, 43–46, 50–53, 59, 64 ZSF 22–23, 26–28, 33, 40 ID 23–24, 26, 28, 50, 70 USpr 116, 126 Phil 43 N I 66–70, 177–178, 511, 584–585 N II 22, 24–26, 105, 129, 138, 143, 151–157, 160–170, 172–173, 177–179, 181–182, 184, 187–191, 193, 196–197, 217, 230–238, 241, 245, 257, 293, 295–302, 307, 314, 318–320, 322, 324, 328, 350, 355–356, 378–379, 382, 389, 410, 422, 425–429, 432–445, 447–454, 460–472, 474 FD 106–109, 121–124, 139–140, 145–147, 172, 174, 176–178, 183, 186–187 TK 39, 45–46 KT 5, 10, 12, 16, 18–21, 30, 32–33, 35 WM 258, 261, 268, 323, 338, 386–393

Vorweg, Sich-vorweg – siehe Sorge als Sich-vorweg-sein

Vulgäre Geschichtsauffassung – siehe Geschichtsauffassung, vulgäre

Vulgärer Zeitbegriff – siehe Zeitbegriff, vulgärer

Währen
409 **7-20 (11-25)**
Vgl. Zeitlichkeit, Erstreckung, Weltzeit
Holzw 221 WhD 143–144 VA 38–39, 142 SvGr 107, 122, 207 bis 208 Gel 41–44, 47, 51–52, 54, 56, 60, 66–67, 72 ID 23, 62, 68 USpr 154–155, 201, 236 KT 33, 35 WM 269

WAHRHEIT – §§ 44, 60, 62, 64
Kant 115, 202, 221 WdW ganz WiME 10–21 WiMN 39 Höld 73 Holzw 39–68, 243–245, 321–322 Plat ganz Hum 19 bis 47 VA 41, 71–73, 78–79, 84–85, 88, 90–93, 99, 258–282 Gel 61–66 ID 45 USpr 245 N I 37, 81, 100, 166–168, 170–175, 198, 206–209, 212, 230–231, 290, 364, 373, 381, 428–429, 431, 498–508, 538, 611–638, 642–643, 652–653, 656–657 N II 11–12, 17, 19–21, 23, 26–27, 33, 36, 41, 61, 75, 98, 132, 137, 142, 147–149, 157–159, 162, 166–170, 172, 178–179, 181–185, 190–199, 203–205, 231–232, 239, 254–255, 257–260, 264, 275, 282, 284, 288–291, 295, 301–302, 313–321, 325, 327–332, 336, 350–352, 358–359, 382–384, 387–388, 391, 394, 396–398, 409–410, 413, 415, 421–428, 430–432, 434–436, 441–442, 444, 458, 460, 463, 465–468, 474, 481–483, 485–490 FD 10–11, 20–23, 27–30, 34–36, 45, 74, 91–92, 95, 97, 110, 130, 141, 148 TK 37–40 WM 257, 266–270, 272, 311, 336, 371, 381–383

Wahrheit als Entdeckendsein – § 44
„Wahrsein als Entdeckendsein ist eine Seinsweise des Daseins. Was dieses Entdecken selbst möglich macht, muß notwendig in einem noch ursprünglicheren Sinne ‚wahr' genannt werden." „Entdecken ist nur als In-der-Welt-sein möglich."
217 **22-39 (-40)** 218 219 220 **7-37 (-38)** 222 **21-36 (22-37)** 226 **13-24 (14-26)** 227 **20-27 (21-29)**
Vgl. Entdecken, Wahrheit als Entdecktheit

Wahrheit als Entdecktheit – § 44
„Die Entdecktheit des innerweltlich Seienden *gründet* in der Erschlossenheit der Welt." „Primär ‚wahr', d. h. entdeckend ist das Dasein. Wahrheit im abgeleiteten Sinne besagt Entdecktsein."
218 **16-26 (-27)** 219 **21-33 (-34)** 220 **24-29** 256 **13-15 (14-16)**
Vgl. Entdecktheit, Wahrheit als Entdeckendsein
WdGr 13

Wahrheit als Entschlossenheit – §§ 60, 62, 64
„Mit der Entschlossenheit ist die ursprünglichste, weil *eigentliche* Wahrheit des Daseins gewonnen." „Entschlossen ist das Dasein ihm selbst in seinem Seinkönnen enthüllt, so zwar, daß es selbst dieses Enthüllen und Enthülltsein *ist.*"
297 **3-14 (4-16); 33-35 (35-38)** 307 **23-26 (-27)** 316 **16-31 (17-)**
Vgl. Entschlossenheit, Offenheit, Lichtung, Zeitlichkeit, Erschlossenheit

Wahrheit als Erschlossenheit – §§ 44 b, c, 53
„Erst mit der Erschlossenheit des Daseins wird das ursprünglichste Phänomen der Wahrheit erreicht. Sofern das Dasein wesenhaft seine Erschlossenheit *ist,* als erschlossenes erschließt und entdeckt, ist es wesenhaft ‚wahr'. *Dasein ist ‚in der Wahrheit'.* Diese Aussage hat ontologischen Sinn."
220 **29-38 (30-39)** 221 **1-34 (-37)** 223 **3-19 (-20)** 226 **13-35 (14-38)** 227 **31-39 (32-41)** 228 **1-30 (-32)** 230 **1-7 (3-9)** 264 **28-40 (29-41)** 265 **1-22** 297 **3-35 (4-38)** 316 **16-30 (17-31)**
Vgl. Erschlossenheit, Lichtung, Da, Sein des Da, Sorge, Verstehen, Seinsverständnis, Befindlichkeit, Rede

Wahrheit als **Gewißheit** – § 21
„Ursprüngliche Wahrheit gehört überhaupt nicht in die Abstufungsordnung der Evidenzen über Vorhandenes." „Das Für-wahr-halten des Todes zeigt eine andere Art und ist ursprünglicher als jede Gewißheit bezüglich eines innerweltlich begegnenden Seienden oder der formalen Gegenstände. Das Dasein muß sich allererst an Sach-

verhalte verloren haben, um die reine Sachlichkeit, d. h. Gleichgültigkeit der apodiktischen Evidenz zu gewinnen." „Die mathematische Erkenntnis gilt als diejenige Erfassungsart von Seiendem, die der sicheren Habe des Seins des in ihr erfaßten Seienden jederzeit gewiß sein kann."
24 25-29 (26-30) 95 25-37 (26-39) 100 7-12 (11-16) 136 5-8 (6-9) 206 25-37 (27-38)
256 15-18 (16-19) 257 15-23 (17-25) 264 40 (41) 265 1-11 335 8-10
Vgl. Rechnen, rechnendes Denken, Wissenschaft, Wirklichkeit
Holzw 40, 80, 98–103, 118, 121–127, 136–137, 141–142, 191, 220 bis 222, 224–227, 237 Hum 20 VA 51, 75–76, 82–86, 99 SvGr 40 bis 41 ZSF 18 ID 45 Phil 40–42 N I 175, 550–551, 584–585, 602 N II 21, 24, 26, 129, 133–134, 140, 142–143, 145–149, 152 bis 153, 157–159, 162, 164, 166, 170, 172–173, 176–179, 181, 184–185, 187, 189, 190–191, 193, 196, 231–232, 235–236, 295, 301, 318, 320, 378, 382–383, 385–387, 394, 422–429, 431–432, 435–436, 441–442, 444, 449–451, 454, 459–461, 463–465, 467–472, 474–475, 480, 486
FD 45, 77, 80–81, 92 KT 29 WM 266–268, 270, 272, 383

Wahrheit als Übereinstimmung, Richtigkeit – § 44 a
(traditioneller Wahrheitsbegriff)
33 12-22 62 3-10 (5-12) 214 3-36 (-38) 215–218 219 1-7 223 12-31 (13-34)
224 225 1-13
WdGr 12 WdW 7–12 Plat 26, 41–46, 51 VA 85 N I 176 bis 178, 511–515, 534–535, 548, 621, 626–627, 633, 635–637, 652 N II 12, 20–21, 26, 169, 185, 315, 318, 328, 417, 425, 430–431, 465, 467
FD 27–29, 34–35, 91, 141, 148 WM 270, 272

Wahrheit als **UNVERBORGENHEIT** – § 44 b
219 18-37 (-38) 220 1-13
Vgl. Unverborgenheit, Ἀλήθεια, Lichtung, Wahrheit als Erschlossenheit
WiME 10 Plat 25–35, 41–47, 51 VA 258–282 Holzw 41 N II 11, 20, 140, 172, 318–319, 325, 350–353, 417, 430–431, 458, 467
WM 267–268

Wahrheitsbegriff bei den Griechen
33 12-41 34 1-9 (-10) 212 33-37 (34-39) 213 1-15 219 15-37 (-38) 225 33-38 (34-39)
226 1-13 (-14)
Gel 61

Wahrheit des Seins
Vgl. Sinn von Sein
WdGr 13–15, 48–49 WdW 19–20, 23, 25–27 Holzw 303, 311,

321–322, 343 SvGr 155, 159 N I 19, 26, 230, 633, 637, 654, 656 bis 657 N II 9, 12, 17, 19–21, 29, 42, 150, 166–167, 178, 186, 192 bis 194, 227, 235, 239, 256, 258, 260, 262, 293, 335–336, 346, 358, 376 bis 378, 382–384, 387, 391, 394, 396–397, 410, 413, 415, 423, 461, 468, 475–476, 481–483, 485–490 FD 82 TK 37–47 WM 335

Wahrheit und Sein – siehe Sein und Wahrheit

Wahrheit und Aussage – siehe Aussage als Ort der Wahrheit

Was-sein – siehe essentia

WEG, unterwegs
„Dasein ist immer unterwegs. Stehen und Bleiben sind nur Grenzfälle dieses ausgerichteten ‚Unterwegs'." „Es gilt, einen *Weg* zur Aufhellung der ontologischen Fundamentalfrage zu suchen und zu *gehen*. Ob er der einzige oder überhaupt der rechte ist, das kann erst *nach dem Gang* entschieden werden."
79 **18-19 (19-21)** 389 **11-23 (10-24); 34-38 (35-39)** 392 **3-8** 393 **27-35** 437 **19-26 (25-33)**
Vgl. Bewegung, Geschichtlichkeit, Geschick, Bezug, Zeitlichkeit
Höld 93, 105, 124–125 Hum 45 Holzw 58, 65, 132, 134, 139, 150 bis 151, 160, 163, 167, 177, 186, 191, 193–195, 238, 251, 253, 259, 294–295 WhD 48–49, 56, 60–61, 71–74, 82, 108, 128, 164–165 VA 68–70, 99, 185 SvGr 94–96, 102, 106, 111–113, 119, 210 Gel 37, 46–47 ZSF 42–43 ID 13, 29–30, 33, 71 USpr 41, 45, 49 bis 53, 60, 63, 67, 73–74, 98–99, 110–112, 116–117, 127, 137–138, 146, 177–179, 197–200, 208, 235, 241–243, 256–257, 260–262, 264, 266 Phil 8, 11–12, 18, 27, 42–43 N II 9, 397, 481 FD 31, 37–38 TK 40 KT 5, 7 WM 256, 336

WELT, Weltlichkeit der Welt – §§ 14–18, 69 c
„Weltlichkeit ist ein Existenzial." „‚Weltlichkeit' ist ein ontologischer Begriff und meint die Struktur eines konstitutiven Momentes des In-der-Welt-seins." „Welt ist etwas, ‚worin' das Dasein je schon *war*, worauf es in jedem ausdrücklichen Hinkommen immer nur zurückkommen kann." „Bedeutsamkeit ist das, was die Struktur der Welt, dessen, worin Dasein als solches je schon ist, ausmacht."
64 **8-39 (11-41)** 65 **1-19 (-21)** 66 **6-17 (7-18)** 72 **13-29 (15-31)** 76 **7-22 (9-24)** 83 **9-38 (11-40)** 84 **1-31 (-32)** 85 **25-32 (26-33)** 86 **7-39 (8-41)** 87 **1-34 (-37)** 123 **6-35 (7-36)** 143 **12-20** 186 **21-25 (23-27); 39-40 (40-41)** 187 **1-26 (-27)** 202 **34-38 (35-40)** 203 **1-3 (-2)** 276 **28-40** 277 **1-4 (-5)** 297 **14-36 (16-39)** 298 **1-11 (-12)** 334 **33-36 (-37)** 343 **4-19 (3-)** 364 **9-37 (10-39)** 365 366 369 **23-26 (24-27)** 380 **22-30 (23-31)** 388 **26-28 (28-30)** 414 **19-34 (24-39)** (415 **1-2**) 419 **5-11 (6-12); 16-19 (17-21)**

Vgl. In-der-Welt-sein, Bedeutsamkeit, Verweisungszusammenhang, Worumwillen, Transzendenz, Ekstasen, Zeit als Weltzeit, Lichtung
WdGr 20–24, 36–54 Höld 35, 37, 62 Holzw 30–68 Hum 16, 35 WhD 104, 156 VA 92, 178–181, 275–276 SvGr 187 ID 25–29, 33 USpr 22–32, 200, 208, 211–215 N I 170, 277–278, 347, 364, 471, 474, 476 N II 29 FD 161 TK 42–47 WM 392–393

Weltbegriff, Geschichte des Weltbegriffes – § 14
WdGr 23–37

Welt-Geschichte – siehe Geschichtlichkeit des In-der-Welt-seins
WhD 156

Weltoffenheit – siehe Offenheit

Weltzeit – siehe Zeit als Weltzeit

Welt und Bedeutsamkeit – siehe Bedeutsamkeit und Welt

Welt und Nichts – siehe Nichts und Welt

Welt und Raum – siehe Raum und Welt

Werden und Sein – siehe Sein und Werden

Werk
69 **39-40 (40-41)** 70 71 **1-25 (-26)** 117 **32-39 (31-38)** 352 **33-36 (34-37)** 354 **4-15 (5-16)** 388 **30-33 (31-35)** 389 **11-13**
Höld 34–35 Holzw 7–10, 16–20, 24–38, 44–59, 62–66, 94 Heb 7, 11–13 Gel 12, 16, 18, 23, 27–28 EiM 9, 11, 47–48, 122, 124–125, 130, 133, 146, 156 SvGr 66 N I 100, 135, 138, 474 N II 400, 404, 412, 473 FD 118, 161 WM 354–357, 361

Wert

„Werte sind *vorhandene* Bestimmtheiten eines Dinges. Sie haben ihren ontologischen Ursprung einzig im vorgängigen Ansatz der Dingwirklichkeit als der Fundamentalschicht."
68 **6-14 (-15)** 99 **12-41 (13-)** 100 **1-6 (-10)** 150 **2-7 (-8)** 286 **14-19 (15-20)** 293 **14-18 (-19)**
Vgl. Vorhandenes, Ding, Subjektivität, Wille
EiM 151–152 Plat 37, 51 Hum 34–35 Holzw 93–94, 205–214, 219–223, 227–228, 230–231, 238–243, 267, 287 VA 45, 77, 82, 91 N I 34, 433–435, 488–491, 493, 499, 539, 543–549 N II 20–23, 28, 34–41, 46–50, 54–55, 86–91, 97–114, 116, 127–128, 135, 150, 173, 184, 186, 222–223, 226–227, 230, 232–235, 240, 255, 259, 268–284, 290, 292–294, 300, 302–303, 305, 307–309, 314–317, 322, 324, 326,

335, 337, 339–342, 360–361, 373–375, 379, 383, 388, 393, 398 FD 39 WM 371

WESEN als „Wesen“ des Daseins
„Das Dasein wird ‚wesentlich‘ in der eigentlichen Existenz, die sich als vorlaufende Entschlossenheit konstituiert.“ „Das ‚Wesen‘ des Daseins liegt in seiner Existenz.“
12 19-24 (20-26) 42 4-22 231 11-15 318 1-4 (3-6) 323 29-30 (34-36)
(Wesen, Wesen des Daseins:) WdGr 16 WdW 23–26 Höld 36, 44, 92, 97, 99, 101, 108, 114, 125, 129, 135, 142 Plat 38 Hum 10, 13–16, 18–21, 26, 28–29, 31–32, 35, 38, 45 Holzw 39, 243–245, 270–278, 289–291, 309–312, 336–337, 339–343 WhD 94–96, 143, 152 VA 37–41, 73, 84, 89, 91–92 SvGr 107–109, 119, 121–122, 157–158 Gel 27, 31, 50–59, 63–67 ZSF 17, 21, 25–32, 35, 39 ID 10, 22–26, 30–34, 44–45, 47–48, 53, 63–68, 70–71 USpr 174 bis 176, 180–181, 200–201, 236, 263 N I 171–175, 208, 213, 364 N II 9, 22, 75, 239–240, 344–345, 362, 364, 482 FD 130 WM 363

Wesen des Seins
WdGr 5, 50–51 WdW 9 Plat 32 Holzw 336–337, 341 EiM 67–70, 74, 77–78, 80 Gel 53 VA 73, 92 SvGr 90, 92–93, 96 bis 98, 100–101, 111–115, 121–122 ID 49, 62–68 N II 52–53, 55, 162, 193–195, 216–217, 227–228, 239, 252–253, 292–293, 336, 338–339, 347, 352–359, 362–364, 368, 372–373, 382, 386, 388–391, 394–398, 403–404, 420, 425, 428–430, 434–436, 443–444, 448–449, 450–454, 458–461, 467, 470–471, 479, 481–490 TK 37–47 WM 314, 328, 369, 370–371

Wesen der Wahrheit
WdGr 12, 15–16, 50 Kant 221 WdW 5, 8–9, 13–18, 20–21 Plat 5, 25–26, 32–33, 41–46, 49–51 Holzw 39, 44–45, 51 EiM 78, 142, 145, 147 Gel 61–62, 64–66 VA 41, 84, 88, 90–91 N II 12, 19–21, 23, 27–29, 137, 147, 162, 166–167, 186, 193–195, 203, 205, 239, 257–258, 260, 295, 318–319, 325, 331–332, 351–352, 421–425, 428, 435, 467–468, 481–482, 485–490 WM 311, 371

Wesen (nominal oder verbal)
Höld 31–32 EiM 140 VA 37–39

Wesenheit – siehe essentia

Wiederholung – §§ 68 b, 74
„Das eigentliche Gewesen-*sein* nennen wir die *Wiederholung*.“ „Die Wiederholung ist die ausdrückliche Überlieferung ..., sie erwidert

die Möglichkeit der dagewesenen Existenz.“ „Die Möglichkeit kehrt nur wieder, wenn die Existenz schicksalhaft-augenblicklich für sie in der entschlossenen Wiederholung offen ist.“
2 5-6   3 5-8 (7-9)   4 22-25   26 29-33 (28-32)   308 4-6 (5-7)   339 1-7   343 30-41 (28-)   344 28-31 (29-32)   385 20-35 (23-37)   386   387 1 (1-2)   391 33-40 (34-41)   392 1-2   396 31-41   397 1-12
Vgl. Gewesenheit, Geschichtlichkeit, Überliefern, Tradition
cf. Vergessen, Seinsvergessenheit
Kant 184–185, 216, 218   EiM 29–30   USpr 54–59, 67, 70–71, 74, 130–133

Wille, Wollen – § 41
„Wollen und Wünschen sind im Dasein als Sorge verwurzelt.“
194 3-41   195 1-10   210 18-28 (19-29)   211 1-4
Vgl. Sorge, Subjekt
WiMN 39   Hum 44   Holzw 187–188, 204–209, 221–226, 234–238, 256–258, 266–267, 269–275   WhD 35–36, 42–47, 77   VA 72–73, 76–90, 96–99, 104–106, 113–118   SvGr 115, 126, 212   ZSF 13–14, 19–21, 32–34, 40–41   Gel 31–36, 59–60, 66   ID 72   N I 44–53, 56–57, 59–73, 76, 161, 470   N II 7, 10, 200, 238–239, 299–305, 313, 342–343, 366–367, 378–379, 382–383, 385–387, 392, 395, 448–449, 452–454, 460–461, 467–469, 471–473, 475, 477–480, 486   TK 45   WM 392

Wirklichkeit
„Höher als die Wirklichkeit steht die Möglichkeit.“
38 29-31 (31-33)   143 31-38 (32-)   183 19-24   195 1-3   253 21-25 (22-)   261 9-14; 19-28 (20-30)   262 5-26 (7-29)   299 19-22   325 27-30 (30-33)   373 27-33   374 7-27   378 19-40 (-41)   379 1-2; 15-19   385 32-35 (34-37)   386 1-5   391 13-15 (14-16); 29-32 (30-33)   395 15-19 (14-)
cf. Möglichkeit
WdGr 41   Kant 185, 202   WiMN 39   Höld 51–52, 57, 61, 86, 91, 97, 106–107   Plat 21–23, 31, 45, 51   Hum 8, 15–16, 27, 44   Holzw 68, 231–232, 234–236, 342   WhD 145   VA 45–52, 56–59, 68, 71, 76, 91–92, 98, 169   SvGr 55, 105   Gel 60   ZSF 27, 34   ID 34, 67   N I 393, 471, 475   N II 9, 18, 129, 184, 190, 236–239, 299, 373, 376, 395–396, 399–400, 407, 410–429, 430, 432–448, 450–451, 453 bis 454, 459, 467–475, 477–479, 486–487   FD 33, 149, 165–167, 174, 185–186   KT 9, 10, 23, 25–28, 30   WM 260, 265–266, 334, 350, 356

Wissenschaft – § 69 b

„Der wissenschaftliche Entwurf zielt auf eine Freigabe des innerweltlich begegnenden Seienden dergestalt, daß es sich einem puren Entdecken ‚entgegenwerfen‘, d. h. Objekt werden kann.“ „Das Entdecken der Wissenschaft ist einzig der Entdecktheit des Vorhandenen gewärtig.“

9 7-40 (-41) 10 1-39 11 31-37 (30-) 45 30-37 (31-38) 50 9-21 (10-22) 356 36-38 (37-40) 357 358 361 12-41 362 363 364 1-3 (-4) 393 17-22

Vgl. Mathematik, mathematische Naturwissenschaften, Historie, Rechnen, rechnendes Denken, theoretisches Erkennen, Technik, Subjekt-Objekt-Beziehung

cf. Frage nach dem Sein, Umsicht

(Wissenschaft, Forschung:) Holzw 69–88, 90, 105, 195 Hum 6, 39, 42, 46 WhD 16–18, 48–49, 52–53, 56–58, 90, 92, 154–156, 158 VA 45–47, 55–70 SvGr 41–42, 48–49, 56–59, 65, 98–100, 110, 116, 138–139, 143, 155, 201–202, 206–207 Gel 19–22, 57–58, 71 ZSF 22–23, 37 USpr 160–161, 178, 209–213 Phil 13–14, 25–26 N I 46, 55, 177–178, 267–268, 271, 343–344, 362–363, 371–377, 460, 475–477, 493–494, 520–524, 532–533, 582 N II 25, 309, 396–397 FD 1, 5–8, 10–11, 31, 38–39, 42, 45, 50–53, 59, 60–72, 78, 111, 138 bis 141, 188 WM 265, 314, 365

WORT – § 34

„Das Bedeutungsganze der Verständlichkeit kommt zu Wort. Den Bedeutungen wachsen Worte zu. Nicht aber werden Wörterdinge mit Bedeutungen versehen.“

38 32-33 (34-35) 39 1-10 (-14) 87 27-31 (30-34) 161 17-24 220 1-6 314 33-35 (35-37) 315 1-4 (-5)

Vgl. Sprache, Rede, Bedeutsamkeit, Zeigen, Erschlossenheit

Höld 24–27, 34–40, 42–43, 57, 64, 67, 69–71, 73–74, 98, 107, 112, 140, 142 Holzw 295, 336–338 Hum 22–23, 26 WhD 6, 61, 85, 87–89, 122–123, 141, 168 VA 48–49, 255 SvGr 156, 161 ZSF 42 Gel 43, 46–50, 52, 69–72 USpr 110, 114, 118–119, 124, 161, 163–172, 176–177, 183–185, 187, 191–195, 207–208, 216, 221, 225–228, 231–238, 260–262 Phil 20 N I 169–170, 278, 450, 475, 492 N II 37, 44, 72–75, 79, 252, 332, 396, 412, 482, 484 WM 311, 315, 329, 348–350

Wort und Sein

Höld 38–40 USpr 168–170, 221, 227–229, 231–233, 236–238 N I 492 N II 44, 252, 482, 484

Wort, Bedeutsamkeit, Sprache und Wort – siehe Bedeutsamkeit, Sprache und Wort
Gel 46

Worum-willen
„Das primäre ‚Wozu' ist ein Worum-willen. Das ‚Um-willen' betrifft immer das *Sein des Daseins,* dem es in seinem Sein wesenhaft *um* dieses Sein selbst geht." „In der Entworfenheit seines Seins auf das Worumwillen in eins mit der auf die Bedeutsamkeit (Welt) liegt Erschlossenheit von Sein überhaupt."
84 23-34 (24-35) 86 7-27 (8-29) 87 4-26 (-29) 123 13-28 (14-29) 129 19-27 143 10-20 (9-) 145 10-18 146 2-12 (1-); 23-28 (25-30) 191 29-38 (31-40) 192 1-4 (-5); 12-24 (13-25) 193 16-29 (-30) 228 6-14 (7-) 327 34-38 (-39) 359 1-10 364 27-35 (28-36) 365 4-29 (-30)
Vgl. Sein, Sein des Da, Seinsverständnis, Existenz, Seinkönnen, Möglichkeit, Bezug, Sorge
WdGr 37–47

Worumwillen und Bewandtnis – siehe Bewandtnisganzheit und Worumwillen

ὑποκείμενον
34 12-17 (13-18) 46 11-15 319 18-28 (22-32)
Vgl. Subjekt, Substanz
Holzw 12–13, 81, 98, 121, 134, 161, 218, 220, 224, 324, 338 WhD 122–123, 145 VA 18, 211 N II 141, 163, 182, 296, 429–431, 435, 450–451, 470, 473 FD 80–81 KT 33 WM 311, 330–331, 339

Zeichen – § 17
76 28-37 (30-39) 77–82 83 1-7 (-8) 215 34-36 (-37)
Vgl. Verweisung, Zeigen
Höld 17, 92, 98, 109, 112 WhD 6–7, 52 VA 136–138 USpr 117, 119, 163–164, 203–204, 245, 254

Zeigen – §§ 7, 17
28 25-37 (24-) 34 28-30 (29-32) 35 19-29 (-31) 82 2-15 (1-14) 213 3-5 (-6) 215 34-36 (-37) 218 4-21 (-22) 219 21-24 (-25) 222 6-8 227 6-9 (8-10) 268 20-23
Vgl. Phänomen, Zeichen, Rede
Höld 14, 17, 86, 92, 98, 109, 112, 117, 138–140, 142 WhD 6, 52, 95–96, 144 USpr 200, 214, 244–245, 252–262, 265–267 N I 204, 207, 210–212, 216, 224, 226, 247, 505, 604 N II 15, 359, 458 FD 161 KT 9 WM 270–271, 333–335, 349, 360, 366

ZEIT – §§ 5–6, 65–66, 78–81, 83
„Das, von wo aus das Dasein so etwas wie Sein unausdrücklich versteht und auslegt, ist *die Zeit*. Diese muß als der Horizont alles Seinsverständnisses und jeder Seinsauslegung ans Licht gebracht werden. Dazu bedarf es einer ursprünglichen Explikation der Zeit als Horizont des Seinverständnisses aus der Zeitlichkeit als Sein des seinverstehenden Daseins." „Die (griechische) Bestimmung des Sinnes von Sein als παρουσία bzw. οὐσία, was ontologisch-temporal ‚Anwesenheit' bedeutet, zeigt: Das Sein des Seienden ist mit Rücksicht auf einen bestimmten Zeitmodus, die ‚Gegenwart', verstanden."
17 **21-40 (-41)** 18 19 **1-24 (-26)** 23 **11-38 (-39)** 24 **1-15** 25 **6-40 (-41)** 26 27 **1-4 (-3)** 235 **10-16 (12-18)** 325 **14-39 (16-41)** 326 327 **1-7** 328 **26-40 (27-41)** 329 **1-17** 330 **2-11 (1-); 19-23 (-24)** 331 **5-13 (-14)** 332 **37-38 (-)** 333 **1-2 (-4); 16-21 (18-24)** 406 **1-5** 408 **7-9 (9-12); 24-29 (27-33)** 410 **33-36 (37-41)** 419 **12-31 (13-35)** 420 **3-13 (5-15)** 426 **1-11 (6-16); 21-40 (27-41)** 427 **1-13 (-18)** 435 **37-39 (-)** 436 **1-7 (4-13)** 437 **35-41 (-)** (438 **1-8**)
Vgl. Zeitlichkeit, Zeitigung, Ekstasen, Zeit als Weltzeit, Zeit als Jetztfolge, vulgärer Zeitbegriff, Transzendenz, Seinsverständnis
Kant ganz, insbes. 50–52, 75, 79–83, 87, 97–103, 108, 121–122, 124, 130–132, 157–184, 216–219 Holzw 142, 283, 290, 300, 311 Höld 37, 57, 73 WhD 38–42, 78 VA 143 SvGr 130, 158, 187 USpr 57, 110, 209–210, 213–215 N I 28, 334–335, 347–348, 399, 400, 402 N II 13, 18, 219, 335, 462, 490 FD 16–17, 20–24, 68, 175, 177–183, 187–188 KT 36 WM 310

Zeit als Horizont des Seinsverständnisses – siehe Seinsverständnis, Zeit als Horizont des Seinsverständnisses

Zeitbegriff Hegels – § 82

Zeitbegriff, vulgärer – § 81
„Das vulgäre Zeitverständnis ist explizit geworden in einer Zeitauslegung, wie sie sich im traditionellen Zeitbegriff niedergeschlagen hat, der sich seit Aristoteles bis über Bergson hinaus durchhält."
17 **38-40 (39-41)** 18 **1-7; 18-27** 235 **3-9 (5-11)** 304 **13-25** 326 **26-39 (27-41)** 327 **1-7** 329 **7-17 (6-)** 330 **24-39 (25-41)** 331 **1-4 (-3)** 373 **22-41** 374 **1-19** 405 **12-41** 420 **25-35 (28-37)** 421–426 427 **1-18 (-23)**
Vgl. Zeit als Jetztfolge
cf. Zeitlichkeit, Ekstasen der Zeitlichkeit, Zeit als Weltzeit, Datierbarkeit
WhD 38–43, 77–78 VA 109, 115–116 N I 28

Zeit als Innerzeitigkeit – siehe Innerzeitigkeit

Zeit als Jetztfolge – § 81
„Wir nennen die in solcher Weise (d. h. die ‚Jetzt' zählende) im Uhrgebrauch ‚gesichtete' Weltzeit die Jetzt-Zeit." „Die Zeit wird als ein Nacheinander verstanden, als ‚Fluß' der Jetzt, als ‚Lauf' der Zeit." „In der Auslegung der Zeit als Jetztfolge *fehlt* sowohl die Datierbarkeit als auch die Bedeutsamkeit; sie werden *verdeckt*. Die ekstatisch-horizontale Zeitlichkeit wird durch diese Verdeckung *nivelliert*. Die Jetzt sind um diese Bezüge beschnitten und reihen sich als so beschnittene aneinander lediglich an, um das Nacheinander auszumachen."
329 7-13 (6-12) 338 12-17 (11-18) 416 25-39 (30-41) 417 1-21 (-24) 420 25-35 (28-37)
421 1-5 (-7); 28-37 (31-38) 422 (1-3); 21-29 (24-33) 423 24-33 (26-37) 426 12-16 (17-21)
Vgl. vulgärer Zeitbegriff, Ewigkeit
cf. Zeit als Weltzeit, Datierbarkeit, ursprüngliche Zeitlichkeit, Ekstasen
Kant 158–160, 163, 176, 181–182 WhD 41–43, 78 USpr 209–213
N I 28 FD 68

Zeit als Jetztfolge und als Weltzeit – §§ 79–81
422 13-29 (16-33) 423 24-33 (26-37) 424 2-26 (5-30) 426 21-30 (27-36)
Vgl. Zeit als Weltzeit

Zeit als Weltzeit – §§ 79, 80
„Die Zeit, ‚worinnen' innerweltlich Seiendes begegnet, ist die Weltzeit. Diese hat auf dem Grunde der ekstatisch-horizontalen Verfassung der Zeitlichkeit, der sie zugehört, *dieselbe* Transzendenz wie die Welt." „Die Weltzeit ist ‚objektiver' als jedes mögliche Objekt, weil sie als Bedingung der Möglichkeit des innerweltlich Seienden mit der Erschlossenheit von Welt je schon ekstatisch-horizontal ‚objiziert' wird. Sie ist auch ‚subjektiver' als jedes mögliche Subjekt, weil sie im wohlverstandenen Sinne der Sorge das Sein des Selbst erst möglich macht. Die Zeit ‚ist' ‚früher' als jede Subjektivität und Objektivität."
405 3-11 (2-) 406 15-39 (16-40) 407–414 415 1-7 (-13) 419 420 1-23 (-25)
422 13-21 (16-24) 423 27-36 (30-38) 424 1-2 (-4) 436 1-7 (7-13)
Vgl. Zeitlichkeit, Zeitigung, Zeit, Welt, Transzendenz
cf. Zeit als Jetztfolge

Zeitigung – §§ 65–71
„Zeitlichkeit zeitigt und zwar mögliche Weisen ihrer selbst. Diese ermöglichen die Mannigfaltigkeit der Seinsmodi des Daseins, vor allem die Grundmöglichkeiten der eigentlichen und uneigentlichen

Existenz." „Zeitlichkeit zeitigt sich je in der Gleichursprünglichkeit der Ekstasen. Aber innerhalb ihrer sind die Modi der Zeitigung verschieden. Und die Verschiedenheit liegt darin, daß sich die Zeitigung aus den verschiedenen Ekstasen primär bestimmen kann. Die ursprüngliche und eigentliche Zeitlichkeit zeitigt sich aus der eigentlichen Zukunft, so zwar, daß sie zukünftig gewesen allererst die Gegenwart weckt."

235 **10-16 (12-18)** 304 **9-12** 328 **31-40 (-41)** 329 **1-13 (-12); 18-32 (-33)** 330 **7-17 (-18)** 331 **10-13 (-14)** 333 **16-17 (18-20)** 336 **32-35** 337 **28-35** 338 **25-28 (26-29)** 339 **27-34 (29-36)** 340 **17-22 (-21)** 342 **21-24 (22-25)** 344 **8-17; 28-31 (29-32)** 347 **40-41** 348 **1-2** 349 **5-11** 350 **1-16 (-17)** 353 **29-31 (32-34)** 354 **9-15 (10-16)** 365 **30-38 (31-39)** 366 **4-6 (5-7)** 375 **13-17 (14-18)** 388 **25-28 (26-30)** 396 **31-41** 397 **1-12** 420 **3-7 (5-9)** 435 **37-39 (-)** 436 **1-7 (4-13)**

Vgl. Zeitlichkeit, Ekstasen, Zeit als Weltzeit

Kant 178–179 SvGr 187 USpr 213–215

ZEITLICHKEIT – §§ 65–71

„Zukünftig auf sich zurückkommend bringt sich die Entschlossenheit gegenwärtigend in die Situation. Dies dergestalt als gewesend-gegenwärtigende Zukunft einheitliche Phänomen nennen wir die *Zeitlichkeit*. Zeitlichkeit enthüllt sich als der Sinn der eigentlichen Sorge." „Zeitlichkeit ist das ursprüngliche ‚Außer-sich' an und für sich selbst." „Die ekstatische Zeitlichkeit lichtet das Da ursprünglich." „Zeitlichkeit zeitigt Weltzeit."

17 **21-38 (-39)** 19 **32-37 (34-39)** 234 **31-41 (32-)** 235 **1-16 (-18)** 303 **38-40 (-41)** 304 **1-35** 325 **14-39 (16-41)** 326–330 331 **1-27 (-30)** 333 **13-21 (15-24)** 364 **36-37 (37-39)** 365 366 369 **6-32 (7-33)** 376 **15-19; 34-37 (-39)** 385 **3-18 (-20)** 396 **31-41** 397 **1-12** 406 **23-28 (24-29)** 408 **7-9 (9-12); 24-29 (27-33)** 410 **33-36 (37-41)** 414 **12-34 (17-39)** (415 **1-2**) 419 **5-33 (6-35)** 420 **1-7 (-9)** 426 **38-40 (-)** 427 **1-13 (3-16)** 435 **37-39 (-)** 436 **1-7 (4-13)** 437 **35-41 (-)** (438 **1-8**)

Vgl. Sorge, Ekstasen der Zeitlichkeit, horizontales Schema, Zeitigung, Zeit, Zukunft, Gewesenheit, Gegenwart

Kant ganz, insbes. 171–178, 215–219 WdGr 46–54 Holzw 283 N I 357, 399–400, 402 WM 338–339

Zeitlichkeit, alltägliche – siehe Alltäglichkeit, ihre Zeitlichkeit

Zeitlichkeit, eigentliche

„Die Zeitlichkeit der vorlaufenden Entschlossenheit ist ein ausgezeichneter Modus ihrer selbst."

304 **9-12** 325 **14-39 (16-41)** 326 **1-25 (-26)** 328 **17-25** 329 **18-39 (-41)** 330 **1-23 (-24)** 336 **36-38 (-39)** 337 **1-6 (-5)** 338 **2-17 (-18)** 339 **1-7** 343 **22-41** 344 345 **37-41**

348 38-40 (-41) 349 1-3 385 11-35 (-37) 386 387 1 (1-2) 390 32-40 (33-41) 391 1-24 (-25); 33-40 (34-41) 392 1-2 395 11-15 (-14) 396 31-41 397 1-12 410 19-32 (22-36)
Vgl. Zeitlichkeit der Entschlossenheit, vorlaufende Entschlossenheit, Eigentlichkeit

Zeitlichkeit, uneigentliche
328 17-22 (-23) 329 30-32 (-33) 337 7-40 (6-) 338 12-30 (11-31) 339 7-34 (-36) 341 6-38 (-39) 342 1-25 (-26) 344 345 1-2; 30-36 (-37) 346 24-36 (-37) 347 348 349 1-3 353 36-37 (-) 354 1-15 (-16) 355 28-37 (-38) 390 1-11 (2-) 391 25-39 (26-40) 406 26-39 (27-40) 407 1-5 409 27-40 (31-39) 410 1-22 (-26) 424 25-38 (29-) 425 1-2 (-6); 27-37 (32-41)
Vgl. Uneigentlichkeit, Verfallen, entspringendes Gegenwärtigen

Zeitlichkeit als Sinn der Sorge – siehe Sorge, Zeitlichkeit als ...

Zeitlichkeit als Ursprung der Weltzeit – §§ 79, 80
„Die in der Zeitigung der Zeitlichkeit sich veröffentlichende Zeit nennen wir die *Weltzeit*. ... Auf dem Grunde der ekstatisch-horizontalen Verfassung der Zeitlichkeit hängen die wesentlichen Bezüge der Welt-Struktur, z. B. das ‚Um-zu‘, mit der öffentlichen Zeit, z. B. dem ‚Dann-wann‘ zusammen.“ „Weil die Zeitlichkeit die Gelichtetheit des Da ekstatisch-horizontal konstituiert, deshalb ist sie ursprünglich im Da immer schon auslegbar und bekannt.“ „Das geworfene Dasein kann sich nur Zeit ‚nehmen‘ und solche verlieren, weil ihm als ekstatisch erstreckter Zeitlichkeit mit der in dieser gründenden Erschlossenheit des Da eine ‚Zeit‘ beschieden ist.“
405 1-11 406 15-39 (16-40) 407 1-19 (-20) 408 4-39 (6-) 409 1-26 (-30) 410 33-36 (37-41) 414 12-38 (17-39) 415 1-7 (-13) 419 420 1-23 (-25)
Vgl. Zeit als Weltzeit, Zeitigung, Ekstasen, horizontales Schema

Zeitlichkeit, Ekstasen der Zeitlichkeit – siehe Ekstasen der Zeitlichkeit

Zeitlichkeit, Horizonte der Zeitlichkeit – siehe Horizont, horizontales Schema

Zeitlichkeit der Angst – § 68 b
342 31-37 (32-39) 343 344 1-35 (-37)

Zeitlichkeit der Befindlichkeit – § 68 b

Zeitlichkeit des Besorgens – §§ 69 a, b, 79
337 7-40 (6-) 339 7-34 (-36) 352 6-36 (7-37) 353 13-31 (-34) 354 9-15 (10-16) 355 17-20 359 22-41 (23-) 360 1-24 (-25) 406 15-39 (16-40) 407–411 412 1-23 (-27)

Zeitlichkeit der Entschlossenheit
304 4-12 (3-) 325 14-39 (16-41) 326 1-28 (-29) 328 17-25 329 26-39 (-41) 330 1-19

338 2-11 339 1-7 343 25-41 (24-) 385 11-35 (-37) 386 1-26 (-27) 390 24-40 (-41) 391 1-24 (-25) 396 31-41 397 1-12 410 19-36 (22-41)
Vgl. Zeitlichkeit der Erschlossenheit, eigentliche Zeitlichkeit

Zeitlichkeit des Entwurfs
327 34-38 (-39) 336 11-27 337 11-31 (10-) 360 10-16

Zeitlichkeit der Erschlossenheit – § 69
350 17-37 (18-38) 351 1-8 352–360 363 28-31 364–366
Vgl. Zeitlichkeit der Entschlossenheit, Erschlossenheit

Zeitlichkeit der Furcht – § 68 b
Vgl. Furcht

Zeitlichkeit der Geworfenheit
325 34-39 (37-41) 326 1-8 (-9); 17-25 (18-26) 328 1-16 329 33-38 (34-40) 339 1-30 (-31) 340 1-22 (-21) 343 30-41 (29-) 348 17-38 (18-) 365 11-17 (12-) 366 4-11 (5-12) 374 30-36 (-37)
Vgl. Geworfenheit, Zeitlichkeit der Befindlichkeit

Zeitlichkeit des In-der-Welt-seins
334 19-38 (-39) 335 1-12 350 17-37 (18-38) 351 1-37 (-38) 364 9-37 (10-39) 365 366 388 23-32 (24-34)
Vgl. In-der-Welt-sein, Transzendenz, Geschichtlichkeit

Zeitlichkeit der Räumlichkeit – siehe Räumlichkeit, Zeitlichkeit der Räumlichkeit

Zeitlichkeit der Rede – § 68 d
335 35-39 349 5-35 406 1-5; 19-26 (20-27)
Vgl. Rede, Zeitlichkeit der Erschlossenheit

Zeitlichkeit des Verfallens – § 68 c
346 10-36 (-37) 347 348 349 1-3 436 4-7 (10-13)
Vgl. Verfallen, uneigentliche Zeitlichkeit, Gegenwärtigen, Vergessen

Zeitlichkeit des Verstehens – § 68 a
Vgl. Verstehen, Entwurf, Zeitlichkeit des Entwurfs

Zeitlichkeit ermöglicht Transzendenz – § 69 c

Zeitlichkeit und Geschichtlichkeit – §§ 66, 72–77
„Die Zeitlichkeit enthüllt sich als die *Geschichtlichkeit* des Daseins. Der Satz: das Dasein ist geschichtlich, bewährt sich als existenzial-ontologische Fundamentalaussage."

332 21-36 (22-38) 374 20-41 375 1-8 (-9); 34-37 (35-38) 376 12-19; 34-37 (-39) 379 27-37 (-38) 381 5-7 (6-9); 21-24 (23-26) 382 16-27 (18-30) 383 31-38 (32-39) 384 385 386 1-38 (-40) 388 23-32 (24-34) 389 3-11 (4-) 390 24-40 (-41) 391 1-24 (-25) 392 3-8 396 31-41 397 1-12 403 23-30 404 9-22
Vgl. Geschichtlichkeit, Zeitlichkeit der Entschlossenheit

Zeit und Raum – siehe Raum und Zeit

Zeit und Sein – siehe Sein und Zeit

Zeitmessung – §§ 80, 81
„Das geworfene Sein bei Zuhandenem gründet in der Zeitlichkeit. Sie ist der Grund der Uhr. Mit der Zeitlichkeit des geworfenen, der ‚Welt' überlassenen, sich Zeit gebenden Daseins ist auch schon so etwas wie ‚Uhr' entdeckt."
413 14-38 (18-39) 414 1-11 (-16) 415 3-40 (8-41) 416–418 419 1-11 (-12) 420 25-35 (28-37) 421
Vgl. Zeit als Jetztfolge, Zeitrechnung
USpr 209–213

Zeitrechnung, Rechnen mit der Zeit – §§ 80, 81
„Weil das Dasein wesensmäßig als geworfenes verfallend existiert, legt es seine Zeit in der Weise einer Zeitrechnung besorgend aus. Das existenzial-ontologisch Entscheidende der Zeit*rechnung* darf nicht in der Quantifizierung der Zeit gesehen, sondern muß ursprünglicher aus der Zeitlichkeit des mit der Zeit rechnenden Daseins begriffen werden."
235 3-9 (5-11) 333 3-21 (4-24) 371 34-41 404 22-39 (23-40) 405 1-11 406 19-32 (20-33) 408 7-9 (9-12) 409 27-32 (31-36) 410 33-36 (37-41) 411 29-37 (35-40) 412–414 415 1-7 (-13) 420 25-35 (28-37) 421 422 1-12 (-15)
Vgl. Zeitlichkeit des Besorgens, Zeit als Weltzeit, Datierbarkeit, Zeitmessung

Zeitspielraum – siehe Spielraum

Zeug – §§ 15–18, 69 a
„Wir nennen das im Besorgen begegnende Seiende das *Zeug*. Zum Sein von Zeug gehört je immer ein Zeugganzes. Zeug ist wesenhaft ‚etwas, um zu ...'. Die verschiedenen Weisen des ‚Um-zu' wie Dienlichkeit, Beiträglichkeit, Verwendbarkeit, Handlichkeit konstituieren eine Zeugganzheit. In der Struktur ‚Um-zu' liegt eine *Verweisung* von etwas auf etwas." „Die Seinsart dieses Seienden ist die Zuhandenheit."
67 9-37 (10-39) 68 15-40 (16-41) 69 70 1-25 71 3-25 (-26) 73 1-21 (-22) 74 5-39 (7-40) 75 1-5 (-7) 77 3-16 (-17) 78 12-40 (13-41) 79 1-8 (-9) 81 4-14 (-15) 102

9-39 (10-40) 103 1-6 (-7) 352 24-36 353 1-31 354 9-27 (10-28) 380 1-33 (-34); 40-41 (-) 381 1-11 (-13)
Vgl. Zuhandenes, Verweisung, Bewandtnis, Besorgen, Zeichen
cf. Vorhandenes, Ding
WdGr 36 Holzw 17–28, 34, 36, 47, 52–53 N I 97–98, 202–205, 208 FD 39, 54 WM 320–321, 323

Zeug als Innerweltliches – siehe Innerweltlichkeit

Zeug als Innerzeitiges – siehe Innerzeitigkeit

Zeug als Weltgeschichtliches – siehe Welt-Geschichte

Zirkel, circulus vitiosus
„Aber in diesem Zirkel ein vitiosum sehen, heißt das Verstehen von Grund aus mißverstehen.“ „Alle Auslegung bewegt sich in einer Vor-Struktur. Auslegung, die Verständnis beistellen soll, muß schon das Auszulegende verstanden haben.“
7 28-41 (27-) 8 1-22 (-23) 152 16-41 (19-) 153 1-35 (-41) 314 8-35 (9-37) 315 316 1-8 (-9) 333 22-37 (25-41)
Vgl. Verstehen, Seinsverständnis, Sinn, Entwurf, Voraussetzung
Holzw 7–8 SvGr 39, 56 ZSF 20 USpr 150–151, 243 Phil 19–20 N I 53–54, 364 FD 37, 43, 173–174, 187–188

Ζῷον λόγον ἔχον
25 25-31 165 12-27
Vgl. animal rationale
cf. Dasein als In-der-Welt-sein
Holzw 287 WhD 66

Zuhandenes, Zuhandenheit – §§ 15–18, 22, 69 a
„Die Seinsart von Zeug, in der es sich von ihm selbst her offenbart, nennen wir die *Zuhandenheit*.“ „Zuhandenheit ist die ontologisch-kategoriale Bestimmung von Seiendem, wie es ‚an sich‘ ist.“ „Die Struktur des Seins von Zuhandenem als Zeug ist durch die Verweisungen bestimmt.“ „Welt ist es, aus der her Zuhandenes zuhanden ist.“ „Der Seinscharakter des Zuhandenen ist die Bewandtnis.“ „Auf Bewandtnis hin ist es je schon freigegeben.“
67 9-40 (10-41) 68 1-14 (-15) 69 15-21 (16-23); 35-40 (36-41) 70 1-25 71 26-41 (27-) 72 1-6 (-8) 73 74 1-13 (-15); 21-29 (23-32) 75 20-37 (22-39) 76 7-16 (9-18) 83 1-38 (2-40) 84 1-27 (-28); 38-40 (39-41) 85 1-30 (-31) 87 35-38 (38-41) 88 1-30 (-31) 100 3-6 (6-10) 102 9-39 (10-40) 103 1-31 (-32) 104 8-19 (-20) 111 6-13 (5-12) 138 11-13 (12-15) 144 32-39 (33-41) 148 32-37 (34-41) 149 150 1-13 (-14) 187 11-16 (12-17) 297 17-28 (19-30) 333 7-14 (9-16) 343 4-15 (3-) 352 24-36 (25-37) 353 1-9 354

16-20 (17-21) 360 **33-38 (34-39)** 361 **1-29 (-28)** 364 **4-11 (5-13)** 365 **39-41 (40-)** 366 **1 (1-2)**
Vgl. Zeug, Verweisung, Bewandtnis, Bedeutsamkeit, Als-Struktur, An-sich-sein, Besorgen, Innerweltlichkeit, Welt
cf. Vorhandenes, Vorhandenheit, Ding

Zuhandenheit–Vorhandenheit – siehe Vorhandenheit–Zuhandenheit

Zukunft – §§ 65, 68 a, 69 c
„Das in der Zukunft gründende Sichentwerfen auf das ‚Umwillen seiner selbst' ist ein Wesenscharakter der *Existenzialität. Ihr primärer Sinn ist die Zukunft.*" „Das primäre Phänomen der ursprünglichen und eigentlichen Zeitlichkeit ist die Zukunft." „‚Zukunft' ist die Kunft, in der das Dasein in seinem eigensten Seinkönnen *auf sich zukommt.*"
325 **14-33 (16-36)** 326 **1-25 (-26)** 327 **20-38 (-39)** 328 **39-40 (-41)** 329 **1-7 (-6); 18-39 (-41)** 330 **1-23 (-24)** 336 **20-38 (21-39)** 337 **1-6; 27-30 (28-31)** 338 **2-6** 339 **1-6** 365 **9-38 (10-39)** 386 **10-26 (11-27)** 395 **11-22** 396 **31-37** 427 **10-13 (16-18)**
Vgl. Ekstasen der Zeitlichkeit, Zeitigung, Sich-vorweg, Vorlaufen, Gewärtigen, Gewesenheit, Gegenwart
(Zukunft, Gegen-wart:) Kant 166–170, 178 Holzw 295, 301, 323 USpr 213 N II 9, 29, 481

Zweideutigkeit – § 37
„Die Zweideutigkeit hat sich schon im Verstehen als Seinkönnen, in der Art des Entwurfs und der Vorgabe von Möglichkeiten des Daseins festgesetzt." „Sie liegt schon im Miteinandersein als dem *geworfenen* Miteinandersein. Aber öffentlich ist sie gerade verborgen."
173 **17-40** 174 175 **1-28 (-29)** 177 **1-7**
Vgl. Verfallen, Gerede, Entfremdung

Zwischen
„Als Sorge *ist* das Dasein das ‚Zwischen'." „Das Dasein existiert gebürtig, und gebürtig stirbt es auch schon im Sinne des Seins zum Tode. Beide ‚Enden' und ihr ‚Zwischen' *sind.*"
132 **11-24 (12-)** 374 **20-36 (-37)**
Vgl. Erstreckung, Vorlaufen, Wiederholen, Sorge, Zeitlichkeit
Höld 42–43, 98–99, 140 Holzw 88, 104, 132, 177, 327, 333 VA 195–196 Heb 13 SvGr 106 Gel 53 ID 61–62 USpr 24–28 N I 226 FD 188–189

NAMENREGISTER

Soweit es sich nur um Literaturhinweise oder Namennennungen handelt, wurden die Namen bzw. Seiten eingeklammert. A = Anmerkung

Aristoteles 2, 3, 10, 14, 18, 25, 26, 32, 33, 39, 40, 93, 138, 139, (140 A), 159, 170, 171, 199 A, 208, 212, 213, 214, 219, 225, 226, 244 A, 341, 342, (399), 421, 427, 428/29, 432 A, 433 A
Augustinus 43, 44, 139 A, 171, 190, 199 A, 427
(Avicenna) 214

(von Baer, K. E.) 58
(Becker, O.) 112
Bergson 18, 26, 47, 333, 433 A
(Bilfinger, G.) 419 A
(Bolzano) 218 A
(Brentano) 215
Burdach, K. (197 A), 199

Caietan 93 A
Calvin 49, 249 A
Cassirer, E. 51 A

Descartes 22, 24, 25, 40, 45, 46, 66, 89–101, (112, 113), 203, 204, 211, (320 A), (433)
(Diels, H.) (219 A), (419 A)
Dilthey 46, 47, 205 A, 209, 210, 249 A, (376), (377), (385 A), 397 bis 404

(Gottl, F.) 388 A
(Grimm, J.) 54 A

Hartmann, Nic. 208 A, (433 A)
Hegel 2, 3, 22, (171), (235 A), (272 A), (320 A), 405, 427–436
Heimsoeth, H. 320 A
Heraklit 219
(Herbig, G.) 349 A
(Herder) 198 A
v. Humboldt, W. 119, 166
Husserl 38, 47, 50 A, (51 A), (77 A), (166 A), 218 A, 244 A, 363 A

(Israeli, Is.) 214
Jaspers 249 A, 301 A–302 A, (338 A)

(Kähler, M.) 272 A
Kant (4), 10/11, 23–24, 26, 30, 31, 40, 51 A, 94, 101, 109–110, 145, 203–205, 208, 215, 224, (271), (272 A), 293, 318–321, 358, 367, 419, 427, 433 A
Kierkegaard 190 A, 235 A, 338 A
(Korschelt, E.) 246 A

Lask, E. 218 A
Lotze 99, 155
Luther 10, 190 A, 338 A

Misch, G. 399 A

Nietzsche 264, (272 A), 396–397

Parmenides 14, 25, 100, 171, 212, 213, 222
Pascal 4 A, 139 A
Paulus 249 A
(Petavius, D. S. I.) 418 A
Plato 1, 2, 3, 6, 10, 25, 32, 39, 159, 244 A, 423

Reinhardt, K. 223 A
(Rickert, H.) 375
(Ritschl, A.) 272 A
(Rühl, Fr.) 419 A

(Scaliger, J. J.) 418 A
Seneca 199
Scheler, M. 47–48, (116 A), 139, 208 A, 210, (272 A), 291 A, (321 A)
(Schopenhauer) 272 A
Simmel 249 A, (375), (418 A)
(Spranger, E.) 394 A
Stoker, H. G. 272 A
Suarez 22

Thomas v. Aquin 3, 14, 214
Thomas de Vio Caietan 93 A
(Tolstoi) 254 A

Unger, Rud. 249 A

(Wackernagel, J.) 349 A

York v. Wartenburg, P. 397–404

Zwingli 49

NAMENREGISTER FÜR DIE NACH „SEIN UND ZEIT“ VERÖFFENTLICHTEN WERKE

Soweit es sich nur um Literaturhinweise oder Namennennungen handelt, wurden die Namen bzw. Seiten eingeklammert. A = Anmerkung

Adickes Kant 131 A
Aischylos Holzw 71 VA 209
(Altwegg, W.) Heb (12)
Anaxagoras WdGr 23
Anaximander WiME 10 Holzw 296–343 EiM 127 SvGr 176 N I 78 N II 139 WM 312
Angelus Silesius SvGr 68–74, 77, 79–80, 101, 118
Antiphon WM 336–337, 342–344, 352, 363–364, 368
Aristoteles WdGr 7, 12, 15 A, 50 Kant 16–18, 21, 57, 119 A, 199–201, 203, 217–218, 222 WdW 9 Plat 44, 48 Hum 6, 20, 34, 39–40, 46 WiME 18 Holzw 25, 70–71, 74–75, 80, 91, 95, 117, 178–179, 220, 230, 243, 297–299, 305, 314, 317, 324, 342 VA 16–17, 21, 39, 50, 53, 76–77, 166, 213, 257, 261 WhD 18–19, 38–41, 47, 68, 70–72, 119–120, 128, 134–135, 143, 173–174 EiM 95, 105, 130, 137, 142–144, 157 SvGr 29–30, 33, 110–114, 120–121, 126, 130, 135–136, 176 USpr 57, 203–204, 244–245 Phil 16–17, 24–29, 37–38, 46 N I 28, 66–69, 76–78, 160, 221, 452, 496, 500, 511, 515, 556, 588, 595, 597, 599–604, 606 N II 15, 18, 73, 76–77, 111–112, 131–132, 141, 159, 167, 177, 213, 217, 228, 231, 237 bis 238, 344, 347, 403–411, 416–417, 430, 435, 454, 459, 473–474 FD 26, 30, 34, 37–38, 62–66, 69, 77, 82–83, 87, 90, 92, 95, 104, 119–121, 125, 134–135 WM 262, 265–266, 270, 312–348, 350–371, 378
(Arnaud) SvGr (194)
Augustinus WdGr 25, 35 Holzw 338 VA 252 WhD 27, 40–41

Bach, J. S. SvGr 87
Bachofen N I 16
Bacon, Fr. Holzw 118
Bacon, R. Holzw 75
Baeumler N I 19, 29–31
Baliani FD 61
Barbarus, Hermolaus WM 378
Bauer, W. WdGr 25 A
Baumgarten, Al. WdGr 26–27 Kant 15 FD 87–92, 94–95, 119, 121, 166
Beaufret, J. Hum 4 ff.
Beethoven Holzw 9 WdGr 87 FD 44
Beißner, Fr. Höld 85 A
Benn, G. USpr 164, 177, 207–208
Bergson, H. Kant 215
Berkeley VA 234, 236–237
(Bernoulli) SvGr (29) WM (392, 395)
Bertram, Ernst N I 256, 295
Bettina von Arnim SvGr 151
Böhme, J. Holzw 118
Bohr, Niels FD 51

(Bosses, des) WM (387, 395)
Brentano, Fr. USpr 92
Buchner, H. VA 182–185
Burckhardt, J. N I 16, 107, 123
Burnet, J. Holzw 313–314

Christus WdGr 25 Holzw 248 WhD 67, 82 EiM 97, 103 USpr 76
Cicero SvGr 166–167, 210
(Clauberg) N II (208)
Claudius, M. WhD 163
Clemens Alexandrinus VA 257, 259–260
Cotes FD 60
Couturat WdGr 10 A
Crusius, Chr. A. WdGr 8, 27 Kant (16 A)

(Dante) Höld (31)
Darwin N I 72–73
Demokrit FD 61–62, 162 WM 338
Descartes Kant 82 Plat 45 Hum 20 WiME 7 Holzw 40, 80, 91–93, 95–102, 118, 123, 136, 138–139, 220, 227, 282 VA 74, 84, 86, 234–235 WhD 90 ZSF 18 EiM 149 SvGr 29, 115, 132, 195 USpr 133 Phil 40–41 N I 175, 482, 496 N II 24, 61–62, 112, 129 bis 131, 134–136, 140–143, 147–192, 195–196, 203, 231–232, 235–236, 245, 333, 342, 423–424, 426–429, 431–435, 451, 474 FD 13, 61, 72, 76–85, 87, 90, 172 WM 257, 260–261, 264, 373, 383, 395
Diels WdGr (23 A) Holzw 296–297, 313, 328, 330 WM 349
Diogenes Laërtius VA 257
Dionysius Areopagita VA 175
Dilthey Kant 215 Holzw 92, 296 USpr 96, 129 N I 107–108, 130
Dostojewski N II 31–32
Dürer Holzw 58

Eberhard Kant 183 FD 61, 102
Eckhart, Meister VA 175 WhD 96 SvGr 71 Gel 36 FD 76 TK 39
Epikur VA 262
Erasmus N I 217
Erdmann, B. Kant (27 A), 81 A
(Erdmann, J. E.) SvGr (81), (165)
(Ernout-Meillet) VA (54)
Eudoxos FD 64
Euklid SvGr 33, 43
Euripides Höld 68

Feuerbach, L. N I 273
Fichte, J. G. Kant 127 A Holzw 93 VA 114 WhD 36 EiM 151 SvGr 150 ID 16, 50 Phil 26 N I 584 N II 31, 111, 301 FD 44 KT 22
(Ficker, L. v.) USpr (80)
Friedländer, P. WM 271 A

Galilei VA 58 Holzw 70 SvGr 111 FD 51, 61–62, 69, 70, 90, 129
George, St. SvGr 109 USpr 162–173, 177, 179, 181–186, 190–192, 194 bis 195, 216, 220–237 N I 568
Gide Phil 9
Goethe Höld (31) Hum 11, 26 VA 38–39, 51, 62–63, 107 ZSF 44 Heb 22–23, 28 SvGr 24, 88, 141, 201–202, 206–209 USpr 166–167, 211, 232, 259 N I 169–170, 295 N II 238, 248, 382 · FD 44, 88
van Gogh Holzw 9, 22–26, 30, 44 FD 163
Gottsched FD 87
(Grimm, Gebr.) ID (60)
(Gröber, C.) USpr (92)

Hahn, Otto SvGr 198
Hamann SvGr 24 USpr 13
Hartmann, Nic. Kant 16 SvGr 146
Hebel VA 38 Heb 5–29 Gel 16–17, 28
Hegel Kant 204, 220 WiM 22, 36 Höld 85 A Hum 15, 23, 27, 44, 47 Holzw 66–67, 93, 105–192, 197, 233, 298–299 VA 24–25, 76–77, (81), 84, 99, 114, 183, 235–236, 261 WhD 9, 34, 36, 40, 54–55, 129, 145 bis 146, 149 ZSF 16, 24–25, 34 EiM 92–93, 96–97, 137–138, 143–144 Heb 11 SvGr 38, 68–69, (81), 130, 145, 147, 150, 152, 162–163 ID 16, 37–47, 49–50, 53–54, 56, 64–65, 72 USpr 140 Phil 17, 26, 42 N I 30–31, 44–45, 69, 73–76, 100–101, 107–109, 127, 159, 169, 175, 350, 358, 436, 450, 456, 469, 482, 530, 584, 599, 655 N II 7, 18, 111–112, 115, 132, 147, 159, 197–201, 236, 238, 297, 299–302, 321, 342, 434, 463, 471 FD 21, 44, 88, 103, 105, 118, 149 KT 22 WM 255–272, 323, 373
Heimsoeth, H. Kant 16 A
(Heinze, M.) Kant (17 A)
Heisenberg VA 31, 35, 51, 61 ZSF 22–23 FD 51
Hellingrath, N. von Höld 31, 56, 75, 119–120, 123, 132 USpr 182
Heraklit WdGr 23 Hum 39–40 Holzw 32, 97, 258, 312, 318, 326, 340 bis 342 VA 125, 207–208, 216–229, 236, 255, 257–259, 260–261, 265 bis 282 WhD 19, 45, 47, 71 ZSF (43) EiM 87, 96–104, 107, 110, 127, 130, 135, 146 SvGr 86, 113–114, 122, 180, 182, 184, 187–188 Gel 70–71 Phil 21, 24, 28 N I 27, 30, 78, 333–334, 349, 406–407, 465, 496, 504–507, 599, 632, 655 N II 11, 112, 139, 227, 382, 463 WM 262, 264, 312, 349, 370
Herder Holzw 292–293 SvGr (24) USpr 13 N I 107 N II 238
(Herz, M.) Kant (208)
Hildebrandt, Kurt N I 106
Hippolytus VA 257, 275
Hölderlin Höld 7–143 Hum 11, 23, 25–27, 43 Holzw 9, 26, 65, 88–89, 248–252, 254, 273, 295 VA 23, 36–37, 43, 136–139, 187–204 WhD 6–9, 52, 67, 116–118, 169 ZSF 42 EiM 96–97, 157 Heb 24 SvGr (80), 141–142, 172–173 USpr 92–93, (94), 172, 182, 205–207, 219, 266 N I 124, 150, 170, 329, 389, 507, 658 FD 44 TK 41 WM 310
Homer Höld (31) Holzw 314, 316, 318–323 VA 261–263, 273–274 WhD 114, 154, 170 EiM 95, 131 WM 271
(Honen) USpr (85)
Humboldt, Al. von USpr (246), 267
Humboldt, W. von USpr 11, 246–249, 256, 267–268

Hume N II 180, 333 FD 88
Husserl Hum 27 Holzw 311 USpr 90–92, 269

Isokrates EiM 148

Jacobi Kant 127 A N II 31
Jäger WM 312
Jaspers N I 29, 31–32 N II 475–477
Johannes Ev. WdGr 24–25 USpr 15 EiM 97
Jünger, E. VA 72 ZSF 5, 7–15, 18–26, 32, 39, 42 SvGr 158

Kant Kant – das ganze Werk, vor allem: 182–184, 186–187, 194, 208–209, 219–220 WdGr 8, 10 A, 15 A, 17, 20–21, 27–35 WdW 8, 24–25 Hum 15, 20, 41 WiME 9 Holzw 10, 19, 93, 118, 142, 184, 200, 226 VA 51, 75–76, 79, (81), 84–86, 89, 114, 141–142, 175, 184, 235 WhD 9, 36, 40, 72, 123–124, 127, 141–142, 145, 148–149, 166–167, 174 ZSF 17, 22–23 EiM 92, 105, 143–144, 151, 154 SvGr (24), 115, 123–128, 130 bis 139, 146–150, 154, 164, 169 ID 15, 38, 43–44 USpr 116, 130, 132–133, 140, 146 Gel 31–32 Phil 17 N I 68–69, 127–133, 145, 154, 175, 182, 237–238, 269, 277, 456, 482, 496, 504, 514–515, 559, 564, 575–576, 584 bis 585, 611 N II 73, 77, 111–112, 141, 143, 169, 231–232, 235, 238, 241, 244, 273, 298, 342, 349, 400, 432, 464–470 FD 4, 26, 42–47, 52, 59, 60 bis 62, 84–86, 88–90, 92–189 KT 5–36 WM 256, 258, 323, 344, 359
(Kerner, Justinus) Heb (18)
Klages N I 31, 149
Kierkegaard Holzw 230 WhD 129 N II 472, 475–480 WM 260–261
Kleist USpr (94), 114
Knutzen FD 88
Kommerell USpr 269
Kopernikus Heb 21–22
(Kraus, Karl) USpr (17)
Kreutzer, C. Gel 11–12, 27
Kroner, R. Kant 16 A
Kuhn, Chemiker VA 95
Kuki, Graf Shuzo USpr 85–91, 95, 98, 100–102, 111, 116, 138–139, 145

Leibniz WdGr 7–11, 16–18, 51–52 Hum 17 WiME 20–21 Holzw 91, 93, 121, 212, 226, 233, 256–257, 263 VA 85, 114, 234 WhD 35–36, 40, 103 ZSF 39 EiM 92 SvGr 14, 21, 29–31, 33, 43–48, 51–56, 63–65, 67–69, 72–74, 77, 79–82, 91, 98, 100–101, 115, 123–124, 128–129, 150, 163–165, 169–170, 173, 186, 192–196, 202, 205 ID 15, 68 USpr 249 N I 45, 68–69, 245, 456, 569 N II 7, 24, 104–105, 112, 159, 231, 237–238, 298, 333, 342, 347, 434–457, 464, 474 FD 17–18, 61, 72, 76, 84, 87–88, 94, 118, 136, 149, 155, 183 KT 29 WM 256, 373–395
Leonardo da Vinci ZSF 38
Lerner, Max SvGr 200
Lessing Holzw 312 SvGr 139, 148 TK 41
Locke N II 180
Lotze, H. Holzw 94
Luther WhD 82 USpr 203
Luther, W. WM 271 A

Machiavelli N II 144, 221
Marx Hum 10–11, 23, 27 WhD 54–55 Phil 42 N II 132 KT 6 WM 260–261
Meier, G. Fr. FD 119–121
Meister Eckhart siehe Eckhart, Meister
Melissos WdGr 23
Mendelsohn, M. Kant 177 A
Meyer, C. F. Holzw 26–27 N I 263
Mörchen, H. Kant 118 A
Mörike WhD 96 SvGr 102 USpr 211
Mozart SvGr 117–118

Newton Holzw 75 VA 58, 62 FD 59–61, 63–64, 66–72, 98–99, 109, 129, 155, 172
Nietzsche Plat 37, 45–46, 50 Hum 15, 23, 25 WiME 10,16 Holzw 80, 94, 142, 179, 184, 193–247, 254, 264, 268–269, 288, 296–298, 301, 306–307, 328, 330 VA 79, 81–85, 101–126, 261, 273 WhD 11–12, 14–15, 19–40, 42–47, 61–71, 73–77, 129, 174 ZSF 7–13, 16–17, 19, 43 EiM 96–97, 152, 155 SvGr 43, 170 ID 72 USpr 45, 54, 173–174, 178, 183 Phil 28, 42 N I – das ganze Werk N II 7–398, 452, 460, 471, 476, 479 FD 32, 118 WM 309
(Nishida) USpr (85)
Novalis SvGr 30 USpr 241, 265

Origenes VA 257
Otto, W. F. N I 468
Overbeck N I 16
Ovid Höld 68

(Paccius) SvGr (68)
Parmenides WdGr 23 Hum 22–23 Holzw 83, 97, (243), 277–278, 318, 324–325, 340–342 VA 53, 123, 140–141, 231–256, 269 WhD 7, 19, 45, 71, 105–116, 118–132, 135–143, 146–149, 165–174 EiM 84–86, 96, 104 bis 112, 126–133, 140, 144, 146 SvGr 127 ID 18–19, 21, 31, 72 Phil 24, 29 N I 78, 465, 496, 528 N II 84, 112, 139, 227, 459, 463, 474 KT 33–35 WM 262–264, 267, 312
Pascal WdW (13) Holzw 198, 282 WhD 92 N II 187, 196
Paul, Jean USpr 254 N II 31
Paulus WdGr 24–25 WiME 18
Periander N I 475
Philo EiM 103
Pichler, H. Kant 16 A
Pindar Höld 60, 75 VA 209, 273–274 WhD 117, 154 EiM 86–87 USpr 24, 182
Planck, Max VA 58
Platon Kant 18, 21, 216 WiM 38 WdGr 15 A, 40–41 WdW 23 Höld 127 Plat 5–52 Hum 6, 17, 34, 39 WiME 19 Holzw 84, 91, 94–95, 162, 179, 200, 204, 241, 243, 297–299, 314, 317, 341–342 VA 19–20, 25, 27–28, 38–39, 43, 47, 52, (81), 108–109, 116, 166, 184, 238, 252, 257, 261, 263, 270 WhD 7, 19, 29, 68–69, 71–72, 103, 112–113, 119–120, 122–123, 134–136, 173–174 ZSF 15–16, 21 EiM 105, 130, 137–141,

150–151 SvGr 33, 35, 86, 110, 113 ID 14 USpr 40, 45, 122, 151 bis 152, 201 Phil 16–17, 24–25, 27–28, 37–38 N I 28, 165, 177, 180 bis 182, 186–187, 191–231, 235–236, 238, 246, 257, 433, 456, 469, 489 bis 490, 496, 505, 511, 515, 529, 540–541, 556, 585–586, 588 N II 14–15, 77, 83, 112, 132, 136, 141, 204, 211, 213–214, 217–229, 232, 235, 254–255, 257, 272–273, 314, 343, 345, 347, 403, 408–410, 413–414, 417, 448, 454, 458–459 FD 2, 26, 30, 34–35, 37–38, 58, 62, 64, 70, 77, 87, 118–119, 162 WM 262, 265, 312, 345, 351, 371
Plotin VA 238 WhD 40
Plutarch Holzw 197 VA 257
Protagoras Holzw 94–98 N II 129–131, 134–142, 168, 172–173, 192, 203 FD 35

Reinhardt, Karl WdGr 23 A VA 275–276 EiM 82 N I 468
(Rémond, Gerh.) WM (394)
Rickert N II 99
Riehl, A. Kant 81 A, 165 A
Rilke Höld 114 A Holzw 252–295 USpr 182
Robinet, A. SvGr (81)

Sappho WhD 154
Sartre Hum 11, 17–18, 22, 27
Scheler, M. Kant 7, 189 A, 190 WM 376
Schelling Kant 127 A WdGr 8 Höld 54, 85 A Hum 44 Holzw 93, 184, 233 VA 77, (81), 113–114, 117 WhD 35–36, 40, 42, 47, 77 ZSF 39 SvGr 43, 150 ID 16 Phil 26, 42 N I 44–45, 69, 74–76, 127, 182, 482, 496, 584 N II 7, 111, 238, 342, 452, 471–472, 475–480 FD 44, 88, 105, 118 KT 22, 26–27
Schiller Hum (11) USpr 140 N I 107, 127, 133 FD 44, 88
Schlatter, A. WdGr 25 A
Schleiermacher USpr 96–97
Schmidt, R. Kant 132 A
Schopenhauer WdGr 8 Holzw 207 VA 79, 81, 83, 114, 117 WhD 15–16, 36–37 EiM 136 N I 15–16, 38, 44, 49–50, 52, 69, 74–75, 86–87, 104, 123, 126–128, 130, 132, 153, 181–182, 440, 528, 650 N II 92, 238 bis 239
Seckendorf, von VA 202
Sextus Empiricus VA 257
Seuse N II 296
Shakespeare Höld (31) Holzw (71)
Simmel, G. Kant 215
Simplikios Holzw (299, 313, 339) WM 321
Snell WM 349
Sokrates Plat 31 Holzw 95–97, 162 VA 38, 238 WhD 52, 56, 112 USpr 122 Phil 16, 24 N II 136, 139 FD 57
Sophokles Höld 25–26, 31 WiMN 47 Hum 39 Holzw 29, 308 VA 204 WhD 154 EiM 82, 112–127, 131, 135 USpr 143, 219, 220 N II 172
Spengler WdW 25 Holzw 301 WhD 14 ZSF 11 N I 360
Spinoza SvGr 64, 115 ID 43–44
Stanley, Chemiker Gel 22

Stifter, Ad. USpr 259 N I 106
(Strauß, Emil) Heb (12)
(Strauß, Fr. J.) SvGr (198)
Suarez N II 418 FD 77

Taine, H. N I 107
Tanabé USpr (90) 131
Tauler N II 296
Tezuka USpr 269
Thales FD 2, 7
Theophrast Holzw 298–299, 304–305, 314 VA 257
Thomas von Aquin WdGr 25–26 Plat 44–45 Holzw 19 N I 68 N II 141, 228, 416
Thomistius WM 378
Thukydides Holzw (308) N II 221
Trakl WhD 96, 172 USpr 17–33, 37–82, 92, 253
Turgenjeff N II 31

(Vergil) Höld (31)
Vischer N I 107
(Volder, de) WM (380, 384–389, 393–394)
(Voß) VA (262–263)

Wagner, R. Holzw 95 N I 16, 101–106, 108–109, 134, 149, 151, 153, 157, 440
Winckelmann Hum (11) N I 107
Windelband N II 99
Wolff SvGr 31 FD 87–88, 119–121, 135–136
Wundt, M. Kant 16

Xenophon EiM 134
(Zentner, W.) Heb (12)

Epochen abendländischen Denkens

Frühe Denker (Vorsokratik) WdGr 23 Höld 55 Plat 51–52 Hum 34 WiME 10 Holzw 95, 162, 243, 277–278, 297–300, 304–307, 318, 324 bis 325 VA 235 WhD 45, (96–97), (104–105), 112–113 EiM 84, 88, 94–96, 108, 129–130, 133 SvGr 102 ID 48 USpr 133 N I 28, 560 N II 221 KT 17 WM 312, 317, 370

Griechen SuZ 2, 21–22, 25–26, 33–34, 39, 49, 165, 170–171, 199, 219, 225 WiM 35 Kant 17, 199, 200, 216–218 Höld 55–56, 83 Plat 26, 32 bis 33, 37–39, 47, 51–52 Hum 7, 10–11, 26, 39 WiME 16, 18 Holzw 12–13, 31, 39–40, 47–49, 63, 70–72, 74, 83–84, 93, 95, 97, 142, 161–162, 180, 187, 307–310, 312–313, 316, 320, 322–323, 341–342 VA 16–21, 28, 30, 42, 46–50, 52–54, 57, 208, 225, 227–228, 236–238, 240–241, 243–244, 262–265, 267–268, 273 WhD 8, 77, 102, 104–105, 122–123, 127–129, 135, 138–145, 171 ZSF 15–16, 34 EiM 82, 86, 88, 90, 92, 95–97, 100 bis 103, 110–112, 114, 116, 125, 127, 131, 135–150, 154 Heb 21–22 SvGr 34–35, 97, 102, 110, 125, 140, 148, 152, 176–182, 187, 210 ID 51 USpr 132–135, 245 Gel 61 Phil 12–18, 20–22, 28, 33, 37, 40, 44–45 N I 505–506, 604–605, 655–656 N II 8, 18, 49, 73, 137–141, 172, 204, 215–218, 228, 273, 402, 412–413, 473–474 FD 32, 35, 38, 40–42, 48–53, 62–68, 91 KT 17, 35 WM 255–256, 261–272, 312–313, 316, 318–319, 331, 336, 338–340, 342, 344–346, 348–354, 356, 359, 365, 370–371

Römer Höld 55, 108 Plat 32 Hum 10–12 Holzw 13, 342 VA 16, 50, 54–55, 174 WhD 66, 127, 134 SvGr 166–169, 171–173, 176–179, 210 WM 344, 356, 365

Mittelalter SuZ 3, 22–25, 36, 40, 93 WhD 35–36 WdGr 42 WdW 8 Plat 44–45 Hum 11, 15, 17 WiME 18 Holzw 19, 25, 63–64, 70, 74–75, 81, 83–84, 93–94 VA 46–47, 55, 57, 174, 252 WhD 42, 52, 127, 129 EiM 105, 137, 148 SvGr 97, 135–136, 139 ID 51 Phil 13, 41 N I 68, 456, 515 N II 49, 132–133, 163, 170, 172, 237–238, 412–413, 424–429, 454, 474 FD 50–52, 74–77, 82, 84–85, 91–92, 165 WM 256, 261, 269, 344

Neuzeit Kant 19, 38, 83, 107, 215 WdW 8 Höld 50, 85 Plat 37–38, 45, 50 Hum 8–9, 24, 27, 39 Holzw 19, 69–104, 118, 121, 124–125, 139, 159, 185, 201–202, 220, 224–226, 228, 231–233, 236, 241, 266–268, 271 bis 272, 282–283, 294, 307, 310, 324–325, 342–343 VA 14, 21–41, 45–48, 51–53, 55–60, 66–70, 72–75, 77–79, 81–82, 233–238, 252, 264, 266 WhD 7, 11–18, 23–26, 30–32, 34–36, 41, 52, 73, 77, 104, 127, 129–130, 142, 145, 154–155, 161, 170 ZSF 16–23 EiM 82, 105, 111, 118–119, 134, 137, 148–149, 151 Heb 14–15, 23–24, 26–27 SvGr 46–48, 51–52, 54–60, 63–66, 73–74, 80, 99, 100, 103, 110–111, 115–116, 123–124, 127, 131, 136–140, 142, 148, 164–165, 169–171, 173, 195–203, 208–211 ID 25–29, 33, 48, 51–52 USpr 209–210, 212–213, 248–249, 263–265 Gel 18–23 Phil 13–15, 39–44 N I 99, 474, 508, 524, 584, 605, 654–656 N II 9, 24–29, 48–49, 61–62, 97, 111, 114, 128–129, 133–135, 141–149, 163–166, 170–172, 180, 182, 192–194, 196–202, 204, 217–218, 230–231, 238, 245, 254–255, 261, 295–298, 300–301, 319–321, 332–333, 412–413, 418, 431–435, 442–444, 449–454, 460–463, 472–475, 478 FD 34, 38–42, 49–52, 59–63, 66–95, 103, 129, 130–132, 144, 162–165 WM 268–269, 272, 318, 321, 323, 325, 327, 338, 344, 348, 352, 359, 371, 383–384

Strömungen in der Philosophie, Schulen und Richtungen

Vgl. jeweils ergänzend die zugehörigen Namen im Namenregister

Aristotelismus Holzw 75 WhD 128–129 EiM 92, 143
Existenzialismus Hum 11, 17–18, 22, 27 VA 234 EiM 155
Existenzphilosophie VA 234
Idealismus SuZ 34, 183, 202–208 WdGr 15 A Kant 71 Hum 28 N II 238
Idealismus, Deutscher Kant 127 A, 177, 220 Holzw 94 WhD 123, 129 EiM 105 SvGr 65, 114, 149 ID 15–16, 43–44 N I 53, 66, 68–69, 73–75, 159, 584 N II 111, 144 FD 34, 36, 44–45, 84, 103, 105
Materialismus Hum 27–28 SvGr 199–200
Neukantianismus SuZ 215 Kant 133–134 Holzw 209 FD 45–46, 113–114 KT 21
Platonismus Holzw 75, 200 VA 79, 122 WhD 7, 112–113 EiM 92 bis 93 SvGr 160 USpr 59, 77 N II 118, 220–222, 237–238
Positivismus Kant 38 Holzw 94, 137 VA 76, 79 N I 178, 181, 238 bis 240, 582 N II 31–32, 145, 147, 239 FD 45–46, 51, 70–72
Pragmatismus Hum 37 Holzw 103–104 N II 471
Rationalismus SuZ 28 Kant 19, 83, 107 Holzw 91 VA 79 WhD 7
Realismus SuZ 34, 183, 202–208 WdGr 15 A EiM 105
Scholastik SuZ 22, 25, 93, 139 WdGr 42 Plat 44–45 Hum 11 Holzw 75, 324 EiM 138 SvGr 135–136 WhD 129 N II 133, 163, 170, 474 FD 34, 62, 66, 77, 87 WM 256, 374–375
Sophistik Hum 6 Holzw 94–95, 97–98 Phil 23–24 N II 139–140 FD 57 WM 336–337
Stoa SuZ 139, 199 A Holzw 311 USpr 245 FD 34

Erläuterungen zu „Sein und Zeit" und Hinweise darauf in späteren Veröffentlichungen

WdGr 12 A, 36 A, 42 A
Kant 184, 210–211, 216, 218–219
WdW 26–27
Hum 8–9, 12, 15–19, 21–25, 29 bis 30, 32–36, 38, 41–43
WiME 9, 12–17, 19
Holzw 49, 55, 64, 92, 195–196
VA 213
WhD 42, 116
ZSF 33, 36, 39–40
EiM 130, 133, 142, 157
SvGr 146
USpr 92–93, 97–98, 122, 131, 137, 258, 262
Gel 61
Phil 22, 33–34
N I 28–29, 577–578
N II 20, 194–195, 209, 260, 415, 475–476
FD 156
WM 373

Seiten-Konkordanz I zu „Über den ‚Humanismus'"
gesonderte Ausgabe Verlag Klostermann
: Verlag Francke „Platons Lehre . . ."

Klostermann	Francke	Klostermann	Francke	Klostermann	Francke
5	53–54	20	76–77	35	99–101
6	54–56	21	77–79	36	101–102
7	56–57	22	79–80	37	102–104
8	57–59	23	80–82	38	104–105
9	59–60	24	82–83	39	105–107
10	60–62	25	83–85	40	107–108
11	62–63	26	85–87	41	108–110
12	63–65	27	87–88	42	110–111
13	65–67	28	88–90	43	111–113
14	67–68	29	90–91	44	113–115
15	68–70	30	91–93	45	115–116
16	70–71	31	93–94	46	116–118
17	71–73	32	94–96	47	118–119
18	73–74	33	96–97		
19	74–76	34	97–99		

Seiten-Konkordanz II zu „Über den ‚Humanismus'"

Francke	Klostermann	Francke	Klostermann	Francke	Klostermann
53	5	76	19–20	99	34–35
54	5–6	77	20–21	100	35
55	6	78	21	101	35–36
56	6–7	79	21–22	102	36–37
57	7–8	80	22–23	103	37
58	8	81	23	104	37–38
59	8–9	82	23–24	105	38–39
60	9–10	83	24–25	106	39
61	10	84	25	107	39–40
62	10–11	85	25–26	108	40–41
63	11–12	86	26	109	41
64	12	87	26–27	110	41–42
65	12–13	88	27–28	111	42–43
66	13	89	28	112	43
67	13–14	90	28–29	113	43–44
68	14–15	91	29–30	114	44
69	15	92	30	115	44–45
70	15–16	93	30–31	116	45–46
71	16–17	94	31–32	117	46
72	17	95	32	118	46–47
73	17–18	96	32–33	119	47
74	18–19	97	33–34		
75	19	98	34		

Seitenkonkordanz I zu „Wegmarken“

Was ist Metaphysik? 5. Auflage	Wegmarken
22	1–2
23	2–3
24	3–4
25	4–5
26	5–6
27	6–7
28	7–8
29	8–9
30	9–10
31	10–12
32	12–13
33	13–14
34	14–15
35	15–16
36	16–17
37	17–18
38	18–19

Vom Wesen des Grundes 4. Auflage	Wegmarken
5	21
7	21–22
8	22–23
9	23–24
10	24–25
11	25–26
12	26–27
13	27–28
14	28–29
15	30
16	31
17	32–33
18	33–34
19	34–35
20	35–36
21	36–37
22	37–38
23	38–39
24	39–40
25	40–41

Vom Wesen des Grundes 4. Auflage	Wegmarken
26	41–42
27	42–43
28	43–44
29	44–45
30	45–46
31	46–47
32	47–48
33	48–49
34	49–50
35	50–51
36	51–52
37	52–53
38	53–54
39	54–55
40	55–56
41	56–57
42	57–58
43	59
44	60–61
45	61–62
46	62–63
47	63–64
48	64–65
49	65–66
50	66–67
51	67–68
52	68–69
53	69–70
54	70–71

Vom Wesen der Wahrheit 3. Auflage	Wegmarken
5	73–74
6	74–75
7	75–76
8	76–77
9	77–78
10	78–79
11	79–80
12	80–81

Vom Wesen der Wahrheit 3. Auflage	Wegmarken
13	81–82
14	83–84
15	84–85
16	85–86
17	86–87
18	87–88
19	88–89
20	89–90
21	90–91
22	91–93
23	93–94
24	94–95
25	95–96
26	96–97
27	97

Nachwort zu Was ist Metaphysik? 5. Auflage	Wegmarken
39	99–100
40	100–101
41	101–102
42	102–103
43	103–104
44	104–105
45	105–106
46	106–107
47	107

Platons Lehre von der Wahrheit 1. Auflage	Wegmarken
5	109
7	111
9	111–113
11	113–115

Seitenkonkordanz I zu „Wegmarken“

Platons Lehre von der Wahrheit 1. Auflage	Wegmarken
13	115
15	117
17	117–119
19	119–120
20	120
21	121
22	121–122
23	122–123
24	123
25	124
26	124–125
27	125–126
28	126
29	127
30	127–128
31	128–129
32	129
33	130
34	130–131
35	131–132
36	132
37	133
38	133–134
39	134–135
40	135
41	135–136
42	136–137
43	137–138
44	138
45	138–139
46	139–140
47	140–141
48	141
49	141–142
50	142–143
51	143–144
52	144

Brief über den „Humanismus“ 1. Auflage	Wegmarken
5	145–146
6	146–147
7	147–148
8	148–149
9	149–150
10	150–152
11	152–153
12	153–154
13	154–155
14	155–156
15	156–157
16	157–158
17	159–160
18	160–161
19	161–162
20	162–163
21	163–164
22	164–165
23	165–166
24	167–168
25	168–169
26	169–170
27	170–171
28	171–172
29	172–173
30	173–175
31	175–176
32	176–177
33	177–178
34	178–179
35	179–180
36	180–182
37	182–183
38	183–184
39	184–185
40	185–186
41	186–187
42	187–189
43	189–190
44	190–191
45	191–192
46	192–193
47	193–194

Einleitung zu Was ist Metaphysik? 5. Auflage	Wegmarken
7	195–196
8	196–197
9	197–198
10	198–199
11	199–200
12	200–201
13	201–202
14	202–204
15	204–205
16	205–206
17	206–207
18	207–208
19	208–209
20	209–210
21	210–211

Zur Seinsfrage 1. Auflage	Wegmarken
5	213
7	213–214
8	214–215
9	215–216
10	216–217
11	217–218
12	218–219
13	219–221
14	221–222
15	222–223
16	223–224
17	224–225
18	225–226
19	226–227
20	227–228
21	228–229
22	229–230
23	230–231
24	231–232
25	232–233
26	233–235
27	235–236

Seitenkonkordanz I zu „Wegmarken“

Zur Seinsfrage 1. Auflage	Wegmarken	Kants These über das Sein 1. Auflage	Wegmarken	Kants These über das Sein 1. Auflage	Wegmarken
28	236–237				
29	237–238	5	273	21	290–291
30	238–239	6	274–275	22	291–292
31	239–240	7	275–276	23	292–293
32	240–241	8	276–277	24	293–294
33	241–242	9	277–278	25	295–296
34	242–243	10	278–279	26	296–297
35	243–244	11	279–280	27	297–298
36	244–245	12	280–281	28	298–299
37	245–246	13	281–282	29	299–300
38	246–247	14	282–283	30	300–301
39	247–248	15	284–285	31	301–302
40	248–249	16	285–286	32	302–303
41	250–251	17	286–287	33	303–304
42	251–252	18	287–288	34	304–305
43	252–253	19	288–289	35	305–306
44	253	20	289–290	36	306–307

Seitenkonkordanz II zu „Wegmarken“

Wegmarken	Was ist Metaphysik? 5. Auflage	Wegmarken	Vom Wesen des Grundes 4. Auflage	Wegmarken	Vom Wesen des Grundes 4. Auflage
1	22	21	5–7	40	24–25
2	22–23	22	7–8	41	25–26
3	23–24	23	8–9	42	26–27
4	24–25	24	9–10	43	27–28
5	25–26	25	10–11	44	28–29
6	26–27	26	11–12	45	29–30
7	27–28	27	12–13	46	30–31
8	28–29	28	13–14	47	31–32
9	29–30	29	14–15	48	32–33
10	30–31	30	15	49	33–34
11	31	31	16	50	34–35
12	31–32	32	17	51	35–36
13	32–33	33	17–18	52	36–37
14	33–34	34	18–19	53	37–38
15	34–35	35	19–20	54	38–39
16	35–36	36	20–21	55	39–40
17	36–37	37	21–22	56	40–41
18	37–38	38	22–23	57	41–42
19	38	39	23–24	58	42

Seitenkonkordanz II zu „Wegmarken“

Wegmarken	Vom Wesen des Grundes 4. Auflage
59	43
60	44
61	44–45
62	45–46
63	46–47
64	47–48
65	48–49
66	49–50
67	50–51
68	51–52
69	52–53
70	53–54
71	54

Wegmarken	Vom Wesen der Wahrheit 3. Auflage
73	5
74	5–6
75	6–7
76	7–8
77	8–9
78	9–10
79	10–11
80	11–12
81	12–13
82	13
83	14
84	14–15
85	15–16
86	16–17
87	17–18
88	18–19
89	19–20
90	20–21
91	21–22
92	22
93	22–23
94	23–24
95	24–25
96	25–26
97	26–27

Wegmarken	Nachwort zu Was ist Metaphysik? 5. Auflage
99	39
100	39–40
101	40–41
102	41–42
103	42–43
104	43–44
105	44–45
106	45–46
107	46–47

Wegmarken	Platons Lehre von der Wahrheit 1. Auflage
109	5
111	7–9
113	9–11
115	11–13
117	15–17
119	17–19
120	19–20
121	21–22
122	22–23
123	23–24
124	25–26
125	26–27
126	27–28
127	29–30
128	30–31
129	31–32
130	33–34
131	34–35
132	35–36
133	37–38
134	38–39
135	39–41
136	41–42
137	42–43
138	43–45
139	45–46

Wegmarken	Platons Lehre von der Wahrheit 1. Auflage
140	46–47
141	47–49
142	49–50
143	50–51
144	51–52

Wegmarken	Brief über den „Humanismus“ 1. Auflage
145	5
146	5–6
147	6–7
148	7–8
149	8–9
150	9–10
151	10
152	10–11
153	11–12
154	12–13
155	13–14
156	14–15
157	15–16
158	16
159	17
160	17–18
161	18–19
162	19–20
163	20–21
164	21–22
165	22–23
166	23
167	24
168	24–25
169	25–26
170	26–27
171	27–28
172	28–29
173	29–30
174	30

Seitenkonkordanz II zu „Wegmarken“

Wegmarken	Brief über den „Humanismus“ 1. Auflage
175	30–31
176	31–32
177	32–33
178	33–34
179	34–35
180	35–36
181	36
182	36–37
183	37–38
184	38–39
185	39–40
186	40–41
187	41–42
188	42
189	42–43
190	43–44
191	44–45
192	45–46
193	46–47
194	47

Wegmarken	Einleitung zu Was ist Metaphysik? 5. Auflage
195	7
196	7–8
197	8–9
198	9–10
199	10–11
200	11–12
201	12–13
202	13–14
203	14
204	14–15
205	15–16
206	16–17
207	17–18
208	18–19
209	19–20
210	20–21
211	21

Wegmarken	Zur Seinsfrage 1. Auflage
213	5, 7
214	7–8
215	8–9
216	9–10
217	10–11
218	11–12
219	12–13
220	13
221	13–14
222	14–15
223	15–16
224	16–17
225	17–18
226	18–19
227	19–20
228	20–21
229	21–22
230	22–23
231	23–24
232	24–25
233	25–26
234	26
235	26–27
236	27–28
237	28–29
238	29–30
239	30–31
240	31–32
241	32–33
242	33–34
243	34–35
244	35–36
245	36–37
246	37–38
247	38–39
248	39–40
249	40
250	41
251	41–42
252	42–43
253	43–44

Wegmarken	Kants These über das Sein 1. Auflage
273	5
274	6
275	6–7
276	7–8
277	8–9
278	9–10
279	10–11
280	11–12
281	12–13
282	13–14
283	14
284	15
285	15–16
286	16–17
287	17–18
288	18–19
289	19–20
290	20–21
291	21–22
292	22–23
293	23–24
294	24
295	25
296	25–26
297	26–27
298	27–28
299	28–29
300	29–30
301	30–31
302	31–32
303	32–33
304	33–34
305	34–35
306	35–36
307	36

Seitenkonkordanz I zu „Der Ursprung des Kunstwerkes“

Holzwege	Reclam	Holzwege	Reclam	Holzwege	Reclam
7	7–8	28	36–38	49	67–68
8	8–9	29	38–39	50	68–70
9	9–11	30	39–41	51	70–71
10	11–12	31	41–42	52	71–72
11	12–14	32	42–43	53	72–74
12	14–15	33	43–45	54	74–75
13	15–16	34	45–46	55	75–77
14	16–18	35	46–48	56	77–78
15	18–19	36	48–49	57	78–80
16	19–21	37	49–51	58	80–81
17	21–22	38	51–52	59	81–82
18	22–24	39	52–54	60	82–84
19	24–25	40	54–55	61	84–85
20	25–27	41	55–56	62	85–87
21	27–28	42	56–58	63	87–88
22	28–29	43	58–59	64	88–89
23	29–31	44	59–61	65	89–90
24	31–32	45	61–62	66	91–92
25	32–34	46	62–64	67	92–93
26	34–35	47	64–65	68	94
27	35–36	48	65–67		

Seitenkonkordanz II zu „Der Ursprung des Kunstwerkes“

Reclam	Holzwege	Reclam	Holzwege	Reclam	Holzwege
7	7	26	20	45	33–34
8	7–8	27	20–21	46	34–35
9	8–9	28	21–22	47	35
10	9	29	22–23	48	35–36
11	9–10	30	23	49	36–37
12	10–11	31	23–24	50	37
13	11	32	24–25	51	37–38
14	11–12	33	25	52	38–39
15	12–13	34	25–26	53	39
16	13–14	35	26–27	54	39–40
17	14	36	27–28	55	40–41
18	14–15	37	28	56	41–42
19	15–16	38	28–29	57	42
20	16	39	29–30	58	42–43
21	16–17	40	30	59	43–44
22	17–18	41	30–31	60	44
23	18	42	31–32	61	44–45
24	18–19	43	32–33	62	45–46
25	19–20	44	33	63	46

Seitenkonkordanz II zu „Der Ursprung des Kunstwerkes“

Reclam	Holzwege	Reclam	Holzwege	Reclam	Holzwege
64	46–47	75	54–55	86	62
65	47–48	76	55	87	62–63
66	48	77	55–56	88	63–64
67	48–49	78	56–57	89	64–65
68	49–50	79	57	90	65
69	50	80	57–58	91	66
70	50–51	81	58–59	92	66–67
71	51–52	82	59–60	93	67
72	52–53	83	60	94	68
73	53	84	60–61		
74	53–54	85	61–62